<그리스도인이면 꼭 알아야 할 성경 지식>

요한복음

제2권 "생명의 빵"이신 예수 그리스도(6-11장)

서울솔로몬학교 성경연수원

차 례

이 책에 인용된 성경 구절은 〈한글킹제임스성경〉입니다.

제1과

하늘에서 내려오신 "생명의 빵"(6장)

『예수께서 그들에게 말씀하시기를 "내가 생명의 빵이니라. 내게 오는 자는 결코 배고프지 아니하며, 또 나를 믿는 자는 결코 목마르지 아니하리라』(요 6:35).

오천 명을 먹이신 기적(1-14절)

"요한복음"에는 예수 그리스도께서 "하나님의 아들"이시라는 사실, 곧 "예수 그리스도의 신성"을 보여 주는 "대표적인 기적 일곱 가지"가 등장한다. 신약 시대에 예수님께서 공개적으로 행하신 "최초의 기적"인 "물을 포도주로 변하게 하신 사건"(2:1-11)이라든지 "한 귀족의 아들을 치유하신 이적"(4:46-54), "삼십팔 년 된 병자를 고쳐 주신 기적"(5:1-9), "오천 명을 먹이신 사건"(6:1-14), "바다의 강풍을 잠잠하게 하신 이적"(6:15-21), "소경의 눈을 뜨게 하신 기적"(9:1-7), "죽은 나사로를 살리신 사건"(11:38-45) 등 여러 기적들이 나오는 것이다.

그렇다면 "기적이란 무엇인가?" "기적"(miracle)은 "상위 세계의 법칙이 하위 세계에서 일어나는 것"을 의미한다. "상위 세계의 법칙"은 "하나님의 법칙"을 가리키고, "하위 세계"는 인간이 살고 있는 "물리적인 세상"을 의미한다. 말하자면 상위 세계를 지배하는 하나님의 법칙이 하위 세계를 지배하는 물리적인 법칙을 뛰어넘거나 무의미하게 만들어 버리는 일이 바로 "기적"인 것이다.

하나님의 아들이신 예수 그리스도께서 "오천 명을 먹이신 기적"은 병자들을 치유하신 기적들을 보고서 따라온 큰 무리에게(1-4절) 빵을 주시려고 했을 때 행하신 "위대한 기적"이었다. 당시 이 기적이 일어난 "장소"는 풀이 많은(10절) "외딴 곳"(마 14:6, 막 6:35, 눅 9:12)이었고, "시간"은 "날이 이미 저물었을 무렵"(막 6:35,36)으로 오후 5-7시경이었다.

예수 그리스도께서는 "빌립"을 시험하시기 위해(6절) **『우리가 어디서 이 사**

람들이 먹을 빵을 사겠느냐?』(5절)라고 물으셨는데, "불신"으로 가득 차 있던 빌립은 이렇게 대답했다. 『**각자가 조금씩 먹는다 해도 이백 데나리온 어치의 빵으로도 부족하리이다**』(7절). 사실 "빌립의 계산"은 엉터리였다. 왜냐하면 하나님이신 예수 그리스도를 염두에 두지 않고 계산했기 때문이다. 믿음이 없는 사람은 어려운 일에 처하면 눈앞에 보이는 여건이나 상황부터 계산해 보면서 머리를 굴린다. 무에서 유를 창조해 내시는 주 하나님을 까맣게 잊어버린 채 행동을 개시하는 것이다.

이러한 불신은 "안드레"에게도 전염되었는데, 그는 예수님께 이렇게 질문했다. 『**여기 한 소년이 보리빵 다섯 덩어리와 작은 물고기 두 마리를 가지고 있나이다. 그러나 이것들이 이처럼 많은 사람에게 얼마나 되겠나이까?**』(9절) 한 사람의 불신은 다른 사람들에게로 전염되는 특성이 있다. 예수 그리스도께서 그토록 많은 기적들을 행하시는 것을 실제로 목격하고서도 제자들은 주님의 능력에 대해 여전히 확신을 갖지 못했던 것이다.

진정한 그리스도인이라면 어려운 일에 당면했을 때 하나님을 통하여 그 난제를 바라볼 줄 알아야 한다. 많은 사람들이 어려운 난제를 통해서 하나님을 바라보려고 하기 때문에 그들의 눈앞에는 언제나 어려운 문제들뿐이다. 그래서 그들은 고통스러운 세상일 속에서 허우적거리기만 한다. 참된 그리스도인이라면 하루 스물네 시간, 일 년 열두 달 동안 한시도 하나님께로부터 눈을 떼지 말고 그분만을 응시하고 있어야 한다. 그러면 우리의 눈앞에는 전능하신 하나님만 계실 뿐, 고통과 절망은 저 멀리 떨어져 있게 된다. 고통과 시련이 닥쳐왔다면, 그것은 나도 모르는 사이에 하나님께로부터 시선을 옮겨 다른 데를 쳐다보고 있었기 때문이다. 어려운 일에 봉착하는 순간 얼른 이 점을 깨닫고 다시 시선을 하나님께로 옮겨야 한다. 이것이 믿음을 가진 성도의 올바른 자세다!

한편 예수 그리스도께서는 한 소년의 "보리빵 다섯 덩어리와 작은 물고기 두 마리"를 가지고 "오천 명을 먹이시는 기적"을 베푸셨다(10-14절). 주님께서는 "보리 빵 다섯 개와 물고기 두 마리"처럼 "작은 것들"을 가지고 위대한 역사를 이루신 것이다. 이와 비슷한 사례로는 모세의 손에 들려진 보잘것없는 지팡이, 다윗의 돌멩이 다섯 개와 물매, 시리아 장군 나아만의 어린 여종(왕하 5:2), 과부의 한 줌밖에 안 되는 가루(왕상 17:12) 등의 예가 있다.

그런가 하면 "겸소하신" 예수 그리스도께서는 "남은 조각들을 한데 모으고 버리지 말라"고 지시하셨는데, 당시 남은 빵은 열두 광주리나 채웠다(12절). 한편 주님께서 행하신 기적을 본 사람들은 『**이분은 참으로 세상에 오셔야 할 그 선지자시라.**』(14절)라고 고백했다. 다시 말해 기적을 목격한 무리는 예수 그리스도를 신명기 18:15에 예언된 그 선지자로는 인식했지만, 여전히 하나님의 아들이신 것은 깨닫지 못했다. 만일 주님을 하나님의 아들로서 알아차렸다면, 그들은 주님 앞에 엎드려 경배하면서 회개했을 것이다.

물 위를 걸으신 기적(15-21절)

"오천 명을 먹이신 기적"이 일어났을 때, 큰 무리는 자기들의 주린 배를 채워 주신 예수님을 "억지로" 왕으로 세우려 했다. 이 사실을 아신 주님께서는 혼자서 다시 산으로 가셨다(15절). 이후 주님께서는 배를 타고 강풍에 파도가 일고 있는 바다를 건너 카퍼나움을 향해 가고 있는 제자들에게 물 위를 걸어서 다가오셨다. **이 사건은 "밤"으로 묘사되는 교회 시대에 "휴거"(공중 재림)를 간절히 기다리면서 세상 풍파 한가운데서 주님을 힘겹게 섬기고 있는 그리스도인들의 모습을 보여 준다.**

『저녁 때가 되어 제자들이 바다로 내려가서 배를 타고 카퍼나움을 향하여 바다를 건너가는데, 날이 이미 어두워졌으나, 예수께서는 *아직* 그들에게로 오시지 아니하더라』(16,17절).	→	『밤이 많이 지났고 낮이 가까웠느니라』(롬 13:12).
『바다에 강풍이 불므로 파도가 일더라』(18절).	→	『또 이것을 알라. 마지막 날들에 아주 어려운 때가 오리라』(딤후 3:1).
『그때 그들이 노를 저어 이십오 내지 삼십 스타디온쯤 갔을 때, 예수께서 바다 위로 걸어서 배로 다가오시는 것을 보고 두려워하더라. 그러나 주께서 말씀하시기를 "나니, 두려워 말라."고 하시더라』(19,20절).	→	예수 그리스도께서는 셋째 하늘 아래의 "깊음"을 통과하여 성도들에게 다가오실 것인데, 그날이 가까웠다고 두려워해서는 안 된다(살후 2:2).
『그때 그들이 주를 기꺼이 배 안으로 영접하니 배가 곧 그들이 가려던 땅에 닿았더라』(21절).	→	주님을 영접한 신약 성도들은 휴거되어(살전 4:16,17) 셋째 하늘에 도달하게 된다.

■ 새롭게 깨달았거나 적용할 내용이 있다면 적어 보세요. ■

생명의 빵에 관한 예수님의 가르침

『예수께서 그들에게 말씀하시기를 "내가 생명의 빵이니라. 내게 오는 자는 결코 배고프지 아니하며, 또 나를 믿는 자는 결코 목마르지 아니하리라』(35절).

오병이어의 기적 때 "빵"을 먹고 배불렀던 유대인들은 카퍼나움에 계신 예수님을 배를 타고 찾아갔다(22-27절). 마치 그들에게 대단한 열정이 있는 것처럼 보이지만 실은 주님께서 주시는 빵으로 또다시 배를 불리려는 것이었을 뿐이다. 하늘에서 내려온 생명의 빵에 관한 말씀들은 사실상 오병이어의 기적이 발단이 된 것이었다. 그들은 예수님을 뵙자 매우 반갑게 "랍비여, 언제 여기에 오셨나이까?"(25절)라고 물었지만 주님의 반응은 냉담했다. **『진실로 진실로 내가 너희에게 말하노니, 너희가 나를 찾는 것은 기적들을 보았기 때문이 아니라 빵을 먹고 배부른 까닭이라. 썩는 음식을 위하여 일하지 말고 영생에 이르는 음식을 위하여 일하라. 인자가 너희에게 그것을 주리니, 이는 아버지 하나님께서 그를 인치셨기 때문이라』**(26,27절).

빵을 얻어먹기 위해 예수님을 찾아다닌 유대인들은 세상에서 육신의 배를 채우기 위해 예수님을 찾는 교인들을 보여 준다. **『그들의 종말은 파멸이며 그들의 하나님은 자기들의 배요, 그들의 영광은 자기들의 수치 속에 들어 있고 그들은 땅의 것들을 생각하느니라』**(빌 3:19).

예수님께서는 썩는 음식(빵)과 영생에 이르는 음식(생명의 빵)을 대조하시면서 "영생에 이르는 음식을 위하여 일하라"고 하셨다. "일하라"는 말씀에 유대인들은 "하나님의 일"에 관해 질문한다. "우리가 하나님의 일을 하려면 무엇을 해야 되리이까?"(28절) 이에 주님께서는 "이것이 하나님의 일이니, 즉 그분이 보내신 이를 너희가 믿는 것이라."(29절)라고 말씀하셨다. 예수님께서는 처음부터 "믿음"을 강조하셨던 것이다.

유대인들은 그 민족의 특성상 주님을 믿을 표적을 구했다(cf. 고전 1:22). **『그러면 주께서 우리가 보고 주님을 믿을 무슨 표적을 보여 주시겠나이까? 무슨 일을 행하시겠나이까? '주께서 하늘로부터 그들에게 빵을 주시어 먹게 하셨도다.'라고 기록된 바와 같이 우리 조상은 광야에서 만나를 먹었나이다』**(30,31절). 그들은 광야에서 조상이 먹었던 만나를 꺼내들며 주님께 도전했다. "당신이 모세보다 위대하냐?"는 것이다.

보리빵 다섯 덩이와 물고기 두 마리로 오천 명이 배불리 먹는 기적을 직접 경험한 당사자들의 입에서는 그러한 "표적"을 무색케 한 말들이 튀어나왔다. 이러한 태도는 초림 당시 유대인들의 전형적인 자세였다(마 12:38). 그들은 수많은 기적들을 "보고서도" 여전히 "보고 믿을" 표적을 구했다. 쉽게 말해서 그들은 어떤 표적을 보여 줘도 그것을 믿을 의향이 전혀 없었던 것이다. 따라서 주님께서 그들에게 주실 마지막 표적은 주님의 죽음과 부활뿐이었다. 부활하신 주님을 보고서도 믿지 않는다면 그것으로 그들은 끝인 것이다. **『악하고 음란한 세대가 표적을 구하나, 선지자 요나의 표적밖에는 줄 표적이 없도다. 요나가 사흘 낮과 사흘 밤을 고래 뱃속에 있었듯이, 인자도 그처럼 사흘 낮과 사흘 밤을 땅의 심장 속에 있을 것이라』**(마 12:39,40). 마태복음 16:1에서도 주님께 하늘로부터 온 표적을 구했는데, 그때에도 주님께서는 요나의 표적밖에 줄 것이 없다고 하셨다(4절). 그런데 이 사건 역시나 마태복음 15장에서 빵 일곱 덩이와 생선 두어 마리로 배불리 먹은 기적을 경험한 뒤에 일어났다는 점에 주목해야 한다.

주님의 두 가지 말씀에 실족한 유대인들

빵을 얻어먹기 위해 주님을 다시 찾아온 유대인들은 주님과 대화하던 중 두 가지 말씀에 실족하게 된다. **그 첫째가 "주님의 살을 먹으라"는 말씀이었다**. 주님께서는 "먹다"가 "믿다"임을 강조하셨지만 그 유대인들은 그 영적인 의미를 전혀 깨닫지 못했다.

『어떻게 이 사람이 자기 살을 우리에게 먹으라고 줄 수가 있겠느냐?』(52절) 『이 말씀은 어렵도다. 누가 그것을 들을 수 있겠느냐?』(60절)

그러나 주님께서는 "먹다"가 "믿다"임을 여러 차례 강조하셨다. **『썩는 음식을 위하여 일하지 말고 영생에 이르는 음식을 위하여 일하라. 인자가 너희에게 그것을 주리니... 이것이 하나님의 일이니, 즉 그분이 보내신 이를 너희가 믿는 것이라』**(27,29절). **『내가 생명의 빵이니라. 내게 오는 자는 결코 배고프지 아니하며, 또 나를 믿는 자는 결코 목마르지 아니하리라. 그러나 내가 너희에게 말하기를 '너희가 나를 보고서도 믿지 않느니라.'고 했느니라』**(35,36절). **『또 이것이 나를 보내신 분의 뜻이니, 아들을 보고 그를 믿는 사람은 누구나 영생을 얻게 하는 것이라. 그리고 내가 그를 마지막 날에 살리리라』**(40절). **『진실로 진실로 내가 너희에게 말하노니, 나를 믿는 사람은 영생을 가졌나니 나는 그 생명의 빵이라. 너희의 조상은 광야에서 만나를 먹고 죽었으나 이것은 하늘에서 내려온 빵이니 그것을 먹는 자는 죽지 아니하리라. 나는 하늘에서 내려온 살아 있는 빵이니 누구든지 이 빵을 먹으면 영원히 살리라. 또 내가 줄 이 빵은 세상의 생명을 위하여 줄 나의 살이라』**(47-51절). **『살리는 것은 영이니, 육은 전혀 무익하니라. 내가**

너희에게 한 말들은 영이요, 생명이라. 그러나 너희 중에는 믿지 아니하는 자들도 있느니라』(63,64절).

둘째, 유대인들은 예수님께서 "하늘에서 내려오신 분"이라는 말씀에 실족했다.

『나의 아버지께서 하늘에서 참된 빵을 내려 너희에게 주시나니』(32절). 『이는 하나님의 빵은 하늘에서 내려와 세상에 생명을 주는 분이기 때문이니라』(33절). 『이는 내가 하늘에서 내려온 것은 내 자신의 뜻을 행하려는 것이 아니요, 나를 보내신 분의 뜻을 행하려는 것임이라』(38절).

이 말씀에 대한 유대인들의 반응은 "이 사람이 요셉의 아들 예수가 아니냐? 우리가 그의 아버지와 어머니를 알지 않느냐? 그런데 그가 어떻게 '나는 하늘에서 내려왔다.'고 말할 수 있느냐?"(42절)였다. 예수님께서는 이러한 수군거림을 무시하고 동일한 진리를 계속 강조하셨다.

『아버지를 본 사람은 아무도 없으나 하나님으로부터 온 사람만이 아버지를 보았느니라』(46절). 『이것은 하늘에서 내려온 빵이니 그것을 먹는 자는 죽지 아니하리라』(50절). 『나는 하늘에서 내려온 살아 있는 빵이니 누구든지 이 빵을 먹으면 영원히 살리라. 또 내가 줄 이 빵은 세상의 생명을 위하여 줄 나의 살이라』(51절). 『이것은 하늘에서 내려온 빵이라. 너희 조상이 만나를 먹고 죽은 것과 같지 아니하니, 이 빵을 먹는 자는 영원히 살리라』(58절). 『그렇다면 인자가 전에 있던 곳으로 올라가는 것을 너희가 본다면 어찌하려느냐?』(62절)

예수님께서는 아버지께서 이끌어주시어 주님께로 온 사람들은 마지막 날에 살리실 것이라고 말씀하셨다(44절). 참된 양식과 참된 음료인 주님의 살과 피를 먹는 사람은, 즉 주님을 믿는 사람은(40,47절) 그렇게 해주시겠다고 약속하셨는데, 이것은 십자가 이전의 구약 성도들이 백보좌 심판에 모두 나오게 되는 상황을 뜻한다. 『**아버지께서 내게 주시는 자**』(37절), 『**아버지께서 이끌어**』 주신 자(44절), 『**아버지께서 허락하신 자**』(65절) 등은 모두 십자가 이전 자상 사역 기간 중에 예수 그리스도께로 나아온 유대인들을 의미한다. 이 유대인들은 십자가 이후의 교회 시대처럼 그리스도의 몸에 들어오지 못했기 때문에 그리스도의 심판석이 아닌 백보좌 심판 때 나아오게 된다.

베드로의 올바른 고백

> 『또 주께서 말씀하시기를 "그러므로 나의 아버지께서 허락하신 자가 아니면 아무도 내게로 올 수 없다고 내가 너희에게 말하였노라."고 하시더라. 그때부터 제자들 중 많은 자들이 물러가고 더 이상 주와 함께 다니지 아니하더라』(65,66절).

예수님께서는 주님의 살을 먹고 피를 마시는 자는 누구나 영원한 생명을 얻고 마지막 날에 살림을 받을 것이라고 말씀하셨다(54절). 주님은 주님의 살에 이어 주님의 피까지 마셔야 영원히 살 수 있다고 하심으로써 유대인들을 기겁하게 하셨다(52-57절, cf. 레 17:10). 로마카톨릭은 주님의 말씀을 미사 때 주님의 실제적인 살과 피로 바뀐다는 빵과 포도주에 잘못 적용했는데, 먹어야 산다고 하신 『**내 살**』과 『**내 피**』는 주님의 육체를 먹고 마시는 것과 관련이 없다. 그에 대한 해석의 열쇠는 57절에 있다. 『**살아 계신 아버지께서 나를 보내셨고 내가 아버지로 말미암아**

사는 것같이 나를 먹는 그 사람 역시 나로 말미암아 살리라』 『**...것같이**』라는 비교 구문이 해석의 열쇠를 쥐고 있다. 예수 그리스도께서는 주님 자신이 『**아버지로 말미암아**』 사시는 것처럼 『**그 사람 역시 나로 말미암아 살리라.**』고 하셨다. **예수님께서 "아버지를 실제로 먹고 마심으로써" 영원히 사시는 것이 아닌 것처럼, 유대인들도 "예수님을 실제로 먹고 마심으로써" 영원히 사는 것이 아니라는 얘기이다.** "먹다."라는 말은 "함께하다," "참예하다."의 뜻을 담고 있으며, 본문에서는 "믿다"와 동의어이다.

주님께서는 "63,64절"에서 『**살리는 것은 영이니, 육은 전혀 무익하니라. 내가 너희에게 한 말들은 영이요, 생명이라. 그러나 너희 중에는 믿지 아니하는 자들도 있느니라.**』라고 하심으로써, 주님께서 "내 진짜 살을 씹어 먹고 내 진짜 피를 마셔라."고 말씀하신 것이 아니라 주님께서 하신 『**말들**』을 믿어야 한다는 것이었음을 계시하셨다. 주님은 지금까지 영적인 뜻으로 말씀하신 것이었다. 그러나 유대인들은 주님의 말씀을 어려워하며(60절) 주님을 떠나 버렸다(66절). 주님께서 열두 제자들에게 "너희도 가려느냐?"고 물으셨을 베드로가 드린 답변은 주님의 살을 먹고 피를 마시는 것이 무슨 뜻인가를 분명히 보여 주었다.

『"주여, 우리가 누구에게로 가오리까? 주님께는 영생의 말씀들이 있나이다. 우리는 주께서 그 그리스도, 곧 살아 계신 하나님의 아들이심을 믿으며 또 확신하나이다』(68,69절).

베드로는 『**내 살을 먹고 내 피를 마시는**』 것이 무슨 뜻인지를 깨닫고 믿음의 고백을 했다. **또한 그는 『믿으며 또 확신하나이다.』라고 함으로써 주님의 살을 먹고 피를 마시는 것이 곧 주님을 믿는 것임을 고백했다.** 주님께서는 자신을 "생명의 빵"으로 묘사하셨기 때문에 『**나를 먹는**』이라는 표현을 쓰신 것이며, 베드로는 그 말씀의 뜻을 정확히 이해하고 "우리는... 먹으며" 대신에 『**우리는... 믿으며**』라고 바꾸어

서 표현한 것이다.

베드로의 고백 속에는 "믿음" 뒤에 "확신"이 온다는 진리가 담겨 있다. 베드로는 주님께서 살아 계신 하나님의 아들이심을 **『믿으며 또 확신하나이다.』**라고 했다. "믿는다."(believe)는 것은 "의존한다," "신뢰한다," "확고부동하게 지지한다." 등의 뜻이고, "확신한다."(are sure)는 "요모조모 확실하게 알다."란 뜻이 함축되어 있다. 일반적으로 사람들은 "확실히 안" 뒤에 "믿게" 되는 것이 그 순서이다. 그러나 하나님의 영적인 일은 그 순서가 인간사와 정반대이다. 하나님을 먼저 "믿고" 나서야 "요모조모 확실히 알게" 되는 것이다. 인간의 격언은 "보아야 믿을 수 있다."(Seeing is believing.)라고 말하지만, 하나님의 격언은 그 반대로 "믿어야 볼 수 있다."라고 말씀한다(히 11:3). "깨닫고 나서 믿다."가 아니라 "믿고 나서 깨닫다."라는 순서가 영적인 일에 적용되는 것이다. 우리의 구원도, 구원의 확신도, 진리의 지식도, 소망도, 그 모든 것이 "믿음"의 열매들이지 지식의 열매가 아닌 것이다.

주님께서는 주님이 택하신 열둘 중에 하나는 "마귀"라고 하셨고, 그자는 주님을 배반할 유다 이스카리옷이다(70,71절). 이것은 마귀가 인간으로 육화한 것이 유다 이스카리옷이란 얘기이다. 유다 이스카리옷은 요한계시록 9:11의 "끝없이 깊은 구렁의 천사"이다. **『또 그들에게는 자기들을 다스리는 왕이 있으니 끝없이 깊은 구렁의 천사요, 그의 이름은 히브리어로 아바돈이며 헬라어로 그의 이름은 아폴루온이더라.』** 아바돈과 아폴루온은 "멸망시키는 자"란 뜻이다. 그렇기에 주님께서는 유다를 가리켜 **『멸망의 아들』**이라고 하셨다(요 17:12). 이 멸망의 아들은 데살로니가후서 2:3에서 언급되는 그 **『멸망의 아들』**이다. 이 자가 **『멸망의 아들』**이라고 불리는 까닭은 "멸망"에서 나와서 끝없이 깊은 구렁으로 들어갔고, 끝없이 깊은 구렁에서 나와 "멸망"으로 들어갈

자이기 때문이다. 현재 유다는 초림 때 육신을 활동하다가 자살한 뒤 『**자신의 거처**』(행 1:25)인 끝없이 깊은 구렁에 가 있지만, 앞으로 대환란 때 그 『**끝없이 깊은 구렁으로부터 나와서 멸망으로 들어갈 자**』(계 17:8)라고 성경은 말씀하고 있다. 유다는 장차 끝없이 깊은 구렁에서 나와(계 9:11) 사탄이 육화된 적그리스도로서 등장할 것이고(살후 2:3), 환란 성전의 지성소에 앉아 하나님을 자처하다가(4절) 대환란 끝에 주님의 찬란한 오심으로 제거될 것이다(8절).

■ 새롭게 깨달았거나 적용할 내용이 있다면 적어 보세요. ■

NOTES

제2과

생수의 강이신 성령 하나님(7장)

『누구든지 목마르거든 내게로 와서 마시라. 나를 믿는 자는 성경이 말씀한 것과 같이, 그의 배에서 생수의 강들이 흐르리라』(요 7:37,38).

믿지 않는 형제들에게 비웃음당하신 예수님(1-9절)

『여기를 떠나서 유대로 가소서. 그리하여 당신의 제자들도 당신이 행하시는 일들을 보게 하소서. 자신이 드러나게 알려지기를 바라면서 비밀리에 무엇을 행하는 사람은 아무도 없으니, 이런 일들을 하실 바에는 자신을 세상에 나타내 보이소서』(3,4절).

⇒『이는 주의 형제들까지도 주를 믿지 아니함이더라』(5절).

장막절이 가까웠으니 사람들이 많이 모이는 데로 가서 자산을 드러내라는 형제들의 비웃음에, 예수님께서는 『**나의 때**[세상에 자신을 나타내실 때 = 재림]**는 아직 이르지 않았으나 너희의 때는 항상 준비되어 있느니라. 세상이 너희는 미워할 수 없으나, 나는 미워하나니, 이는 내가 세상에 관하여 그 일들이 악하다고 증거하기 때문이라. 너희는 이 명절에 올라가라. 나는 아직 나의 때가 차지 않았기 때문에 이번 명절에는 아직 올라가지 않겠노라.**』(6-8절)라고 하셨다. 주님께서 자신을 세상에 나타내실 때는 재림 때이다. 초림 때는 주님께서 고난받으시고 수치를 당하셔야 할 때이다. 만일 예수님께서 육신의 형제들이 요청한 대로 초림 때 자신을 세상에 나타내 보이셔서 재림하시는 만왕의 왕처럼(계 19:16) 행하셨더라면, 인류 구원을 위한 피가 십자가에서 흘려지지 못했을 것이다.

예수 그리스도께서는 초림 때 세상의 관심과 인기에 연연하지 않으셨다. 주님은 오직 아버지께서 위탁하신 일들을 수행하는 데만 매진하셨다. 세상이 그런 주님을 미워했던 이유는 세상에 관하여 그 일들이 악하다고 증거하셨기 때문이다(7절, cf. 요일 5:19). 세상은 이것을 몹시도 싫어한다. 그러나 하나님의 편에 서 있는 거룩한 사람들은 세상이 싫어하면 할수록 세상이 악하다고 외칠 뿐이다. 세상의 인기 따위에 흥미가 없는 이런 사람들을 하나님께서 깊은 관심을 가지고 들어 쓰신다.

<u>예수님께서는 그분의 형제들이 예루살렘으로 올라간 후, 명절에 드러내지 않고 비밀리에 가셨다(10절)</u>. 예수님께서 재림의 예표하는 "장막절"에 "비밀리에" 예루살렘 가신 일은 재림 직전에 있을 환란 성도들의 휴거를 암시한다. 공개적으로 나타나시는 지상 재림 전에 은밀한 환란 후 휴거가 있을 것이라는 "시간적 순서"는 요한계시록 14장에 계시되어 있다. 요한계시록 14:14-16은 환란성도들의 휴거를 보여 주고, 이어지는 17-20절에서 공개적인 지상 재림을 보여 준다.

인자께서 예리한 낫으로 곡식을 거두심(계 14:14-16)	→	환란성도들의 휴거
또 다른 천사가 예리한 낫으로 땅의 포도송이를 거두어 진노의 큰 포도즙틀에 던져 넣음(계 14:17-20)	→	지상 재림(아마겟돈 전쟁)

유대인들은 명절이면 으레 오셨던 예수님을 찾고 있었고(11절), 주님 편과 주님을 반대하는 편으로 나뉘어 논쟁을 벌였지만(12절), "유대인들"(곧 유대인 종교 지도자들)을 두려워하여 아무도 주님에 관해 드러나게 말하지는 않았다(13절).

■ 새롭게 깨달았거나 적용할 내용이 있다면 적어 보세요 ■

성전에서 유대인들과 논쟁하시는 예수님(14-31절)

『명절이 중간쯤 되었을 때, 예수께서 성전으로 올라가 가르치시니 유대인들이 이상히 여겨 말하기를 "이 사람은 전혀 배운 적이 없는데 어떻게 글을 아는가?"라고 하더라』(14,15절).

명절 중간쯤에 주님께서 성전에 올라가 가르치시자 유대인들은 "이 사람은 전혀 배운 적이 없는데 어떻게 글을 아는가?"라며 이상히 여겼다. **여기서 『글』은 구약성경을 가리킨다**. 일개 "목수"가 구약성경을 권위 있고 명료하게 가르치시니 듣는 유대인들이 경탄한 것이다. **예수님께서는 말씀을 『담대하게』 가르치셨으며(26절), 그분과 함께 있었던 베드로와 요한에게도 유사한 일이 있었다**. **『그때 그들이 베드로와 요한이 담대하게 말하는 것을 보자 배우지 못한 무식한 사람들로 알았다가 놀라며 그들이 예수와 함께 있었다는 사실을 깨닫더라』**(행 4:13). 바다에서 그물질만 하던 베드로와 요한은 세상 학문에 관한 한 대단히 무식한 사람들이었다. 그런데 세상 학문이 아닌 예수 그리스도에 관한 지식을 『**담대하게**』 말함으로써 듣는 유대인들을 놀라게 한 것이다. **마찬가지로 성경을 통해 예수 그리스도에 관해 배운 그리스도인은 주님을 담대하게 증거하고 전파하게 된다**. 이처럼 말씀을 공부하고 또 말씀과 기도로 주님과 충분히 교제한 성도는 주님과 함께함으로써 얻게 된 영적 능력으로 담대하게 진리를 증거할 수 있다.

예수님께서는 그분의 교리가 자신을 보내신 아버지의 것이라고 하시면서(16절), 누구든지 아버지의 뜻을 행하고자 하면 그 교리가 하나님께로부터 온 것임을 알게 된다고 하셨다(17절). 예수님을 붙잡으려고 한 자들은 하나님의 뜻을 행하려는 마음이 전혀 없었던 것이다. **그러나 구약성경을 믿고 하나님을 신뢰한 유**

대인들은 그 성경의 주인공이 나타나시자 그분을 알아보았다. 하나님의 뜻을 기꺼이 실행하고자 하는 믿음이 있는 성도들은 바른 말씀과 바른 교리를 알아본다. 배교한 교회들이 〈한글킹제임스성경〉을 거부하는 것은 그들이 하나님의 뜻을 실행할 의사가 전혀 없기 때문이다. 그들은 그들이 보는 개역성경도 믿지 않는다!

『모세가 너희에게 율법을 주지 아니하였느냐? 그런데 너희 중에는 율법을 지키는 사람이 아무도 없도다. 너희가 어찌하여 나를 죽이려 하느냐?"고 하시니』(19절).

예수님께서는 **모세의 율법을 지키기 위해 안식일에 할례를 주는 유대인들이, 같은 안식일에 병자를 고치신 예수님을 죽이려 하는 모순**을 지적하셨다. 그들 가운데에는 율법을 지키려는 자가 아무도 없다는 것이다(19-23절). 그들은 예수님을 외모로 판단하여 그분의 말씀을 뒷전에 두고 주님을 함부로 대한 것인데, 주님께서는 그런 그들에게 외모가 아닌 의로운 심판으로 판단하라고 말씀하셨다(24절). 예루살렘에 있던 몇몇 사람들은 그곳에서 예수님에 대한 살해 모의가 있음을 알고 있었는데(25절), 예수님께서 담대하게 말씀하셔도 그분께 일언반구도 반박하지 않는 것을 보고는 관원들이 예수님을 오시기로 한 그리스도로 여기고 있는 것이 아니냐는 의문을 품었다(26절). 그들은 『**그러나 우리는 이 사람이 어디서 온 줄 알거니와, 그리스도가 오실 때는 그가 어디서 오시는지 아무도 모르리라.**』(27절)라고 했지만, 그것은 거짓말이었다. 왜냐하면 유대인들은 그리스도가 "베들레헴"에서 태어나실 것을 알고 있었기 때문이다(42절, 마 2:4-6, 미 5:2). **그들은 예수님께서 베들레헴에서 태어나신 것을 알면서도 그분에 관한 예언이 성취된 것을 인정하려 들지 않았다**. 예수님께서는 그런 그들을 곧바로 정죄하셨다. 『**그러므로 예수께서 성전에서 가르치실 때 외쳐**

말씀하시기를 "너희는 나를 알고, 또 내가 어디서 온 것도 알지만, 나는 스스로 온 것이 아니니라. 나를 보내신 분은 참되시도다. 너희는 그분을 알지 못하나 나는 그분을 아노라. 이는 내가 그분으로부터 왔고, 또 그분께서 나를 보내셨음이라."고 하시더라』(28,29절). 유대인들은 자신들의 죄를 지적한 예수님을 잡으려 했지만, 아직 그분의 때가 이르지 않았기 때문에 아무도 손을 못 댔던 것이다(30절). 『**그러나 무리 가운데서 많은 사람이 주를 믿고, 말하기를 "그리스도가 온다 해도 이 사람이 행한 것보다 더 많은 기적을 행하시겠느냐?"고 하니라**』(31절).

바리새인들은 무리가 주님의 가르침을 듣고서 수군거리는 것을 알고는 선임 제사장들과 합세하여 주님을 붙잡고자 관원들을 보냈다(32절). 예수님께서는 관원들이 자신을 잡으러 온 것을 아시고 그분의 죽음을 예언하셨다. 『**잠시 동안 내가 너희와 함께 있다가 나를 보내신 분께로 가노라. 너희는 나를 찾아도 만나지 못할 것이요, 또 내가 있는 곳에 올 수도 없느니라**』(33,34절). 이 말씀을 들은 유대인들은 말씀의 뜻을 이해하지 못했다(35,36절).

성령님에 관한 가르침을 듣고 분열된 무리(37-44절)

『그 명절의 가장 큰 날인 마지막 날에 예수께서 서서 외쳐 말씀하시기를 "누구든지 목마르거든 내게로 와서 마시라. 나를 믿는 자는 성경이 말씀한 것과 같이, 그의 배에서 생수의 강들이 흐르리라."고 하시니 (이것은 주께서 자기를 믿는 사람들이 받게 될 성령을 말씀하신 것이라. 이는 예수께서 아직 영광을 받지 못하셨기 때문에 그들에게 아직 성령을 주지 아니하셨음이라.)』(37-39절).

예수님께서는 자신이 영광을 받으시면 믿는 자가 성령을 받게 될 것을 예언하셨다. 예수님께서 영광을 받으신 것은 죽음에서 부활하시고 셋째 하늘에 올라가셔서 보좌에 앉으신 것을 뜻한다. 그렇게 영광받으신 주님께서 사도행전 2장의 오순절에 "성령님"을 보내셔서 제자들 속에 내주하시게 함으로써 "나를 믿는 자는 성경이 말씀한 것과 같이, 그의 배에서 생수의 강들이 흐르리라."(38절)라는 예언을 성취하셨다. 『**그후 오순절 날이 되자 그들이 다 하나가 되어 한 장소에 모였는데 갑자기 하늘에서 거친 강풍 같은 소리가 나더니 그들이 앉아 있는 온 집안을 가득 채우더라. 거기에 불 같은 모양으로 갈라진 혀들이 나타나 그들 각 사람 위에 머물더니 그들 모두가 성령으로 충만하여 성령께서 그들에게 발설하게 하신 대로 다른 방언들로 말하기 시작하더라**』(행 2:1-4, 이때 그리스도의 몸으로서의 교회가 시작됨 - 고전 12:13) 예수님께서 예언하신 대로 "성령님께서 오시면" 행하실 일들은 다음과 같다.

1. 성령의 영원한 내주하심과 가르치심과 화평

① **영원한 내주하심** : 요한복음 14:16,17 『또 내가 아버지께 기도하겠고, 그분께서 또 다른 위로자를 너희에게 주시리니 그가 너희와 함께 영원히 거하시리라. 진리의 영인 그를 세상은 영접할 수 없으니 이는 세상이 그를 보지도 못하며 또한 알지 못하기 때문이라. 그러나 너희는 그를 아나니 이는 그가 너희와 함께 거하시며 또 너희 안에 계실 것임이라.』

② **가르치심(과 그것을 기억나게 하심)** : 요한복음 14:26 『그러나 위로자이신 성령을 아버지께서 내 이름으로 보내시리니, 그가 너희에게 모든 것들을 가르치시며 또 내가 너희에게 말한 모든 것들을 기억나게 하시리라.』

cf. 고전 2:13 『**성령께서 가르치시는 말**』, 곧 말씀으로 가르치심

③ **화평** : 요한복음 14:26,27 『그러나 위로자이신 성령을 아버지께서 내 이름으로 보내시리니... 내가 너희에게 화평을 남겨두나니 나의 화평을 너희에게 주노라. 내가 너희에게 주는 것은 세상이 주는 것과 같지 아니하니, 너희는 마음에 근심하지 말고, 두려워하지도 말라.』 cf. 롬 14:17 『하나님의 나라는 먹고 마시는 것이 아니라 다만 성령 안에서 의와 화평과 기쁨이라.』, 갈 5:22 『성령의 열매... 화평』, 엡 4:3 『화평의 띠 안에서 성령의 하나 됨을 지키도록 열심히 노력하라.』

2. 죄인을 거듭나게 하시는 사역

『예수께서 대답하시기를 "진실로 진실로 내가 너에게 말하노니, 사람이 물과 성령으로 태어나지 아니하면 하나님의 나라에 들어갈 수 없느니라. 육신으로 난 것은 육이요, 또 성령으로 난 것은 영이니라. 내가 너에게 '너희는 거듭나야만 한다.'고 말한 것을 이상히 여기지 말라. 바람이 임의로 불어서 네가 그 소리를 들어도 어디서 와서 어디로 가는지 알지 못하듯이 성령으로 난 사람은 모두 그와 같으니라."고 하시더라』(요 3:5-8).

3. 예수 그리스도에 관하여 증거하심

『그러나 내가 아버지께로부터 너희에게 보낼 위로자, 곧 아버지께로부터 나오시는 진리의 영이 오시면 그가 나에 관하여 증거하시리라. 너희도 처음부터 나와 함께 있었으므로 증거하리라』(요 15:26,27). ⇒ 제자들은 성령님께서 사도행전 2장의 오순절에 강림하신 후부터 주님을 증거했다.

4. 세상을 책망하시고, 예수님께서 알려 주시지 않은 많은 진리들로 인도하심

『그분이 오시면 죄에 대하여, 의에 대하여, 심판에 대하여 세상을 책망하시리라. 죄에 대하여라 함은 그들이 나를 믿지 않기 때문이요 의에 대하여라 함은 내가 나의 아버지께 가므로 너희가 나를 다시는 보지 못하기 때문이며 또 심판에 대하여라 함은 이 세상의 통치자가 심판을 받기 때문이라. 내가 아직도 너희에게 말할 것들이 많이 있으나 지금은 너희가 그것들을 감당할 수 없느니라. 그러나 진리의 영이신 그분이 오시면 너희를 모든 진리로 인도하시리라. 그분은 자신에 관하여 말씀하지 아니하시며, 무엇이나 들은 것을 말씀하실 것이요, 또 너희에게 다가올 일들을 알려 주시리라. 그분이 나를 영화롭게 하시리니, 이는 그분이 내 것을 받아서 너희에게 알려 주실 것임이라』(요 16:8-14). ⇒ 교회 시대는 성령님을 통해 "모든 진리"로 인도받을 수 있는 대단한 시대이다.

성령님에 관한 예수님의 설교를 들은 무리는 분열되었고, 그들 가운데에는 주님을 붙잡으라고 바리새인들이 보낸 관원들도 있었지만 아무도 주님께 손대지 못했다(40-44절).

예수님 편에 선 니코데모(45-53절)

『그때 니코데모가 그들에게 말하기를 (그는 그들 중의 한 사람으로 밤에 예수께 왔던 자라.) "우리의 율법이 먼저 당사자로부터 들어 보고 그가 하는 일을 알기도 전에 아무나 심판하는 것이냐?"고 하니』(50,51절).

바리새인들은 그들이 보낸 관원들이 예수님을 붙잡아오지 않았다고 책망했고(45절), 관원들은 "이 사람처럼 말한 사람은 아직껏 아무도 없었나이다."라고 말했다(46절). 주님의 입에서 나오는 말씀의 위력과 권위 앞에 꼼짝 못한 것이다. 이에 바리새인들은 거짓말로 자기방어에 들어갔다. 『**바리새인들이 그들에게 대답하기를 "너희 역시 미혹된 것이 아니냐? 관원들이나 바리새인들 가운데 어느 누가 그를 믿은 적이 있느냐? 그러나 율법을 모르는 이 무리는 저주를 받은 것이라."고 하더라**』(47-49절). 이 역시 거짓말이요 위선이다. 왜냐하면 상급관원 중에서도 많은 자가 주님을 믿었기 때문이다. 그들은 회당에서 출회당하지 않으려고 주님을 시인하지 못했을 뿐이다(요 12:42).

바리새인들은 『율법을 모르는 이 무리는 저주를 받은 것이라.』(49절)라고 했지만, 오히려 율법을 아는 자가 저주를 받는다. 율법 시대인 구약은 저주로 끝나고(말 4:6), 율법을 통하여 죄를 깨닫기 때문이다(롬 3:20). 율법의 계명들로 죄를 깨달으면 죄가 그 계명들을 통해 온갖 색욕을 일으킨다(롬 7:8). 죄를 깨닫게 하는 율법을 통해서 의롭게 될 자는 아무도 없다(갈 3:11). 율법은 생명을 부여할 수 없는 것이다(갈 3:21). 그러면 구원은 어떻게 받는 것인가? 갈라디아서 2:16이 그 해답이다! 『**사람이 율법의 행위로 의롭게 되는 것이 아니요, 예수 그리스도를 믿음으로 인하여 되는 줄 알고 우리도 예수 그리스도를 믿었나니, 이는 우리가 율법의 행위로써가 아니라 그리스도를 믿음으로 인하여 의로워지고자 함이라. 이는 율법의 행위로는 아무 육체도 의롭게 될 수 없음이라.**』

밤에 예수님께 왔던(50절) 니코데모는 동료 바리새인들을 향해서 반론을 제기했다. 『**우리의 율법이 먼저 당사자로부터 들어보고 그가 하는 일을 알기도 전에 아무나 심판하는 것이냐?**』(51절) 바리새인들이 48절에서 『**관원들이나 바리새인들 가운데 어느 누가 그를 믿은 적이 있느냐?**』라고 했을 때 그들 가운데 최소 한 사람 니코데모는 믿고 있

었던 것이다. 니코데모의 용기 있는 반론은 "신명기 19:15"에 근거한 것이었다. 율법대로 해보자는 자세는 사도 바울에게서도 엿보였다(행 23:3). 율법을 지킨다고 자처하던 바리새인들은 원칙에 입각한 니코데모의 주장에 여전히 위선적으로 답변하고(52절), 각자 자기 집으로 돌아가 버렸다(53절). 바리새인들은 "그래, 정당하게 율법대로 해보자."라고 하지 않고 『**너도 갈릴리에서 왔느냐? 갈릴리에서는 어떤 선지자도 나오지 않는다고 했으니 찾아보라.**』(52절)라고 한 것이다. 예수님을 대적하느라 혈안이 된 바리새인들은 자신들이 잘 안다던 구약성경마저도 잊어버리고 헛소리를 지껄였다. 주로 갈릴리에서 사역하신 예수님을 선지자로 인정하지 않으려고 "갈릴리에서는 어떤 선지자도 나오지 않는다고 했으니 찾아보라."라고 한 것인데, 요나가 바로 그 갈릴리 출신의 선지자였다. 『**그가 이스라엘의 지경을 하맛 입구에서부터 평원의 바다까지 회복하였으니 가드헤펠 사람, 아밋태의 아들, 주의 종 선지자 요나의 손을 통해 말씀하신 이스라엘의 主 하나님의 말씀대로 되었더라**』(왕하 14:25). 선지자 요나의 출신지 "가드헤펠"은 갈릴리의 카나와 나사렛 사이에 위치한 성읍이었다. 예수님을 대적하면 바리새인들처럼 성경에 어긋나는 소리를 하게 되는 것이다. 이 점은 비성경적인 교리에 취해 있는 한국 교회가 예수님을 얼마나 강력하게 대적하고 있는지를 보여 준다.

■ 새롭게 깨달았거나 적용할 내용이 있다면 적어 보세요. ■

NOTES

제3과

진리가 너희를 자유롭게 하리라(8장)

『그때 예수께서 자기를 믿은 그 유대인들에게 말씀하시기를 "너희가 내 말에 거하면 참으로 나의 제자가 되고 진리를 알게 되리니 그 진리가 너희를 자유롭게 하리라."고 하시더라』(요 8:31,32).

간음한 여인을 용서하신 예수 그리스도(1-11절)

"예수 그리스도의 신성"이 요한복음 각 장에서 드러나는데, 8장에서는 "**아브라함보다 위대하신 하나님의 아들**"로서의 모습이 제시되고 있다. 『**아브라함이 나기 전부터 나는 있느니라**[Before Abraham was, I am]』(58절). 참으로 놀라운 선언이 아닐 수 없다! 예수님께서는 지금 자신이 하나님이심을 선포하고 계신 것이다! 유대인들도 이 사실을 잘 알고 있었기에 돌을 집어서 주님께 던지려 했었다(59절).

언젠가 "존 하워드"(John Howard)가 러시아의 감옥들을 방문하기로 결심하고 황제에게 알현을 요청했다. 그의 "방문 목적"을 설명하자, 황제는 제국 내 어떤 감옥이든지 방문해도 좋다고 허락해 주었다. 감옥들이 아주 빈틈없이 감시되고 있었고 교도관들은 방문객들이 찾아오는 걸 몹시 싫어한다는 사실을 알고 있었지만, 그는 자신감을 가지고 각 감옥들을 방문했다. 물론 감옥에 처음 도착해서 들어가게 해 달라고 요청했을 때는 그들이 늘 그랬던 것처럼 거절하려고 했다. 하지만 그가 "황제의 칙서"를 보여 주자 그들은 지체 없이 감옥의 문들을 열어 주었다. 말하자면 존 하워드는 "황제의 이름"을 전적으로 믿었고, 결과적으로 그 믿음은 옳았던 것이다. 이렇듯 "예수"(JESUS)의 이름 안에는 다음과 같은 것들이 들어 있다. ① "J" - "칭의"(Justification, 롬 4:24,25), ② "E" - "영생"(Eternal Life, 요 4:13,14), ③ "S" - "구원"(Salvation, 마 1:21), ④ "U" - "하나 됨"(Unity, 요 12:24), ⑤ "S" - "만족"(Satisfaction, 요 7:37). 이것이 가능한 이유는 예수님께서 하나님이시기 때문이다.

예수 그리스도께서 성전에서 가르치고 계셨을 때(2절), 서기관들과 바리새인들은 간음을 하다가 "현장에서 붙잡힌" 한 여인을 데리고 와서(3,4절) "그녀를 어떻게 할 것인지"에 관한 처분을 예수님께 물었다(5절). **하지만 이것은 올가미를 씌워서 예수님을 "고소할 구실"을 찾아내기 위한 계략이었다**(6절). 특히 간음하는 현장에서 붙잡아 왔다고 했는데, 여자만 데려오고 "**남자는 데려오지 않은 것**"으로 봐서 여기에는 어떤 "함정"이 도사리고 있었음이 분명했다. 말하자면 예수님께서 "돌로 치라."라고 말씀하실 경우에는 『**하나님께서 자기 아들을 세상에 보내신 것은 세상을 정죄하려 하심이 아니요, 그를 통하여 세상이 구원받게 하려 하심이라.**』(요 3:17)라고 하신 말씀이 비난받게 되고, "놓아주라."라고 말씀하시면 "모세의 율법"을 어기시는 것이 되는 것이다.

"모세의 율법"은 간음한 남자와 여자, 두 사람 모두를 반드시 죽이라고 명령하고 있다. 『다른 사람의 아내와 간음하는 자, 즉 자기 이웃의 아내와 간음하는 자는 그 간음한 자와 그 간음한 여자를 반드시 죽일지니라』(레 20:10). 『만일 어떤 남자가 한 남편과 결혼한 여자와 동침하는 것이 발견되면 그들을 둘 다 죽일지니, 즉 그 여자와 동침한 그 남자와 그 여자니라. 이같이 너는 이스라엘로부터 악을 제할지니라』(신 22:22).

그러한 함정을 잘 알고 계신 예수 그리스도께서는 『**너희 중에 죄 없는 자가 먼저 그 여인에게 돌을 던지라.**』(7절)라고 판결하셨다. 예수 그리스도 외에는 "의인"이 없으므로(마 9:10-13), **주님께서는 그 여인을 비난하고 있는 사람들이 모두 죄인임을 적나라하게 밝혀 주셨다**. 왜냐하면 그들 중 어느 누구도 그 여인에게 돌을 던지지 못했기 때문이다(9절). 그렇게 하심으로써 하나님의 "공의"(율법에 따라 여인을 죽이라!)와 "자비"(정죄하지 말고 용서하라!)가 충돌하고 있는 상황에서도 **두 가지 요구를 모두 충족시키셨다**.

"십자가의 죽으심"은 하나님의 공의와 자비, 두 가지 요구를 모두 충족시킨 또 하나의 사건이었다. "하나님의 공의"는 세상의 죄인들을 죽이는 것이고, "그분의 자비"는 용서하는 것이다. 예수 그리스도께서는 이 두 가지 요구를 모두 충족시키셨는데, 즉 십자가에서 하나님의 진노를 대신 받으심으로써 공의의 요구를 충족시키셨고, 그분의 피로 죄인들을 용서하심으로써 자비의 요구를 충족시키신 것이다. 『**자비와 진리가 함께 만났고 의와 화평이 서로 입맞추었도다**』(시 85:10).

한편 예수 그리스도께서는 여인에게 『**나도 너를 정죄하지 않노라. 가라, 그리고 더 이상 죄를 짓지 말라.**』(11절)라고 명령하셨다. 『**나도 너를 정죄하지 않노라.**』라는 말씀은, 하나님의 아들을 믿는 자들은 어떤 죄도 용서받을 수 있다는 "크고 풍성한 은혜"를 보여 주고 있으며(롬 4:5), 『**가라, 그리고 더 이상 죄를 짓지 말라.**』라는 말씀은, 거듭난 그리스도인들의 경우 구원받은 순간부터 육신을 따라 행하지 않고 성령을 따라 행하기 때문에 더 이상 죄를 지어서는 안 된다는 교훈을 잘 보여 준다(롬 8:1,2).

빛과 진리이신 예수 그리스도(12-49절)

주 예수 그리스도께서는 스스로를 "세상의 빛"이라고 증거하셨다(12-18절).

이 세상의 모든 사회적인 빛, 예술과 학문의 빛, 종교적인 빛 그리고 그 외의 모든 빛들은 "참 빛"이신 주 예수 그리스도께로부터 나온 것이다(밥 존스 시니어). 왜냐하면 예수 그리스도, 바로 그분

> 만이 『**나는 세상의 빛이라.**』(12절)라고 선언하셨기 때문이다.
> 인간의 이성과 감정을 조명해 주는 빛이 영적인 의미에서 "생명의 빛"으로 승화되려면 빛이신 예수 그리스도의 본을 따라야 한다.

이 증거가 "**옳은 이유**"는(13,14절) 다음과 같다. ❶ 우선 예수님께서는 자신이 『**어디서 와서 어디로 가는지**』(14절), 곧 **하늘로부터 와서 하늘로 돌아간다는 사실을 분명하게 아시는 "하나님"이시기** 때문이다. ❷ 모든 것을 육신을 따라 판단하지 않으시고, 영적인 눈으로 보시며, **하나님의 영적인 원칙과 기준에 따라 판단하시기** 때문이다(15절). ❸ 이 땅에 인간의 형상을 입고 오신 하나님의 아들로서, 하나님 아버지께서 보내신 분이며, **항상 하나님 아버지와 함께 계시고**(16절), 하나님 아버지께서 시키시는 일만 하시기 때문이다(18,26,28,38, 40,42,54절 등). 『**나와 나의 아버지는 하나니라**』(요 10:30). ❹ **아버지 하나님께서 친히 그분에 대하여 증거하시기** 때문이다(17,18절).

> 예수 그리스도에 대한 "여섯 가지 증거" : ① 침례인 요한의 증거(요 5:33-35), ② 아버지 하나님께서 아들로 하여금 완수하게 하신 일(요 5:36), ③ 아버지 하나님의 증거(요 5:37,38), ④ 성경의 증거(요 5:39), ⑤ 성령 하나님의 증거(요 15:26), ⑥ 사도들의 증거(요 15:27).

예수 그리스도께서는 하나님을 자신의 아버지라고 주장하셨다(19-29절). 그래서 예수 그리스도를 아는 사람은 아버지 하나님을 아는 사람이고(19절), 예수 그리스도를 본 사람은 아버지 하나님을 본 사람이다(요 14:7-11). 또한 "하나님 아버지의 허락하심"이 없는 한, 어떤 인간도 임의로 아들 하나님이신 예수 그리스도께 손을 댈 수 없다(20절).

한편 "위," 곧 셋째 하늘의 하나님께로부터 나신(23절) 예수 그리스도께서는 십자가에서 죽으신 이후 다시 "셋째 하늘"로 돌아가실 것이다(21절). 죄인들은 그분을 찾아도 그분께서 계신 곳에는 절대로 갈 수 없는데, 이는 그들이 그들의 "죄들 가운데서" 죽을 것이기 때문이다(21,22절). **끝까지 고집을 부리면서 예수 그리스도를 믿지 않는 사람들은 반드시 그들의 "죄들 가운데서" 죽을 것이다**(24절).

사실 예수 그리스도께서는 "처음부터"(25절) 자신이 누구이신지, 곧 "만물 위에 계신 분"으로서(요 3:31), 아버지 하나님께서 보내신 "하나님의 독생자"이시고(요 3:16), "아버지의 이름으로 오신 분"이시며(요 5:43), "아버지 하나님께서 인을 치신 분"이시라고 말씀해 오셨다. 또한 세상과 죄인들에 대해 판단하실 것이 많음에도 불구하고, 초림 당시 예수님께서는 "아버지 하나님께로부터 들은 것"을 세상에 말씀하셨고(26,27절), "아버지 하나님께서 가르쳐 주신 대로" 말씀하셨다(28절). 아버지 하나님께서는 예수님과 함께 계시는데, 이는 예수 그리스도께서 아버지 하나님을 기쁘게 하는 일들을 행하시기 때문이다(29절).

한편 예수 그리스도께서는 "진리"이시다(30-32절). 『**진리를 알게 되리니 그 진리가 너희를 자유롭게 하리라**』(32절). 이 구절은 모든 그리스도인들이 꼭 암송해 두어야 할 구절이다. 진리는 항상 "절대적"이지, 결코 "상대적"이지 않다. "진리"가 누구이신가? "예수 그리스도"이시다. 『**예수께서 그에게 말씀하시기를 "나는 길이요 진리요 생명이라. 나로 말미암지 않고는 아버지께로 올 사람이 아무도 없느니라**』(요 14:6). 요한복음 8:36에서는 『**그러므로 만일 아들이 너희를 자유롭게 하면 참으로 너희가 자유롭게 되리라.**』라고 말씀하는데, 이 구절을 32절과 비교해 보면 『**진리**』(32절)가 곧 『**아들**』(36절)이신 것을 알 수 있다.

진리는 "참되다"는 것인데, 이것은 "예수 그리스도의 성품"이며, 그분 안에는 거짓이 전혀 없다. 이것은 또한 "아버지 하나님의 성품"이기도 하다. 중요한 것은 이 진리가 우리를 자유롭게 한다는 것이다. **무엇으로부터 자유롭게 하는가? "죄"로부터 자유롭게 한다**(34절). 죄로 인한 고통, 지옥, 사탄, 모든 불안, 무의미한 인생, 불확실성, 공포 등으로부터 자유롭게 해 주는 것이다.

그런가 하면 본문 33-49절에 따라 "두 아버지"와 "두 아들"이 존재한다. 바리새인들은 "**아브라함**"과 "**하나님**"을 그들의 아버지라고 주장했다(33,39,41절). 자기들의 "출신 성분"을 들고 나와 자기들은 "아브라함의 씨"(33절)이고, 아브라함은 "그들의 조상"(39절)이라고 주장했던 것인데, 이렇게 "출신 성분"을 운운한 목적은 "예수님의 출신 성분이 더럽다"고 모독하기 위해서였다. 『**우리는 음행을 통하여 나지 아니하였으며**』(41절). 말하자면 요셉과 정식 혼인을 하기도 전에 마리아가 예수님을 잉태한 것을 염두에 두면서 예수님을 "사생아"라고 거짓되게 비난한 것이다. 심지어 그들은 스스럼없이 "하나님"을 "자기들의 아버지"라고 주장하기까지 했다(41절).

그러나 예수 그리스도께서는 그들의 진정한 아버지는 아브라함도, 하나님도 아닌 "마귀"라고 분명하게 밝히셨다(44절). 말하자면 죄를 짓는 자는 그 누구라도 "**죄의 종**"이기 때문에(34절), 그들은 아브라함의 자손이 될 수 없고 그 "집"(이스라엘 집)에 영원히 거할 수도 없는 것이다(35절). 그들은 아브라함의 일을 행하지 않았을 뿐만 아니라(39절) 하나님께로부터 들은 진리를 말씀하시는 예수 그리스도를 죽이려 했기 때문에(37,40절), 아브라함은 결코 그들의 아버지가 아니다. 그들은 하나님께로부터 나와 이 땅에 오셨으며 하나님께서 보내신 분인 예수님을 사랑하지 않기 때문에(42절) 하나님은 그들의 아버지가 될 수 없다. **따라서 예수 그리스도의 이러한 말씀을 전혀 깨닫지 못한 채(43절) 죄의 종노릇이나 하고 있는(34절) 그들의 아비는 다름 아닌 "마귀"인 것이다**(44절).

『너희는 너희 아비 마귀에게서 나와서 너희 아비의 정욕을 행하고자 하는도다. 그는 처음부터 살인자였으며 진리 가운데 거하지 아니하였으니, 이는 자기 안에 진리가 없음이라. 그가 거짓말을 할 때는 자신에게서 우러나와 한 것이니, 이는 그가 거짓말쟁이요 또 거짓말

의 아비이기 때문이라』(44절). 마귀는 처음부터 "살인자"였다. 그래서 악한 자인 마귀로부터 나온(요일 3:12) 카인은 성경에서 최초의 살인자가 되었다. 또한 마귀는 "거짓말쟁이요, 거짓말의 아비"이다. 실제로 그는 창세기 3장에서 거짓말로 최초의 인류를 속였다. 하나님께로부터 난 자가 하나님의 일을 하듯이, 마귀에게서 난 자는 마귀의 일을 한다. 하나님께로부터 난 자는 진리를 말하지만, 마귀에게서 난 자는 거짓을 말한다. 거짓은 진리와 반대된다. 그래서 마귀에게서 난 자들은 예수 그리스도이신 진리를 믿지 않고(45,46절) 오히려 박해하는 것이다.

이에 예수 그리스도께서는 진정한 하나님의 아들들이 누구인지를 제시하셨는데, "하나님의 말씀들을 듣는 사람들"이야말로 하나님께로부터 나온 진정한 "하나님의 아들들"인 것이다(47절). 예수 그리스도께서 그러셨고, 나다나엘처럼 『참으로 이스라엘 사람』(요 1:48)과 같은 자들이 그러했으며, 예수 그리스도를 믿고 구원받은 성경대로 믿는 그리스도인들도 그러하다. 당신은 참으로 하나님의 말씀들을 듣고 있는가? 듣지 않고 있다면 당신은 어디서 나왔는가?

한편 마귀의 자식들인 바리새인들이 예수님을 비난했던 "세 가지 거짓말"이 있는데, ① 우선 예수님께서 "음행을 통해 태어난 자"라고 비난했다(41절). 그들은 처녀의 몸에 성령으로 잉태하신 예수 그리스도의 "동정녀 탄생"(사 7:14, 마 1:18)을 믿지 않았으니, 곧 "예수 그리스도의 신성"을 믿지 않은 것이다. ② 또한 예수님께서 "사마리아인"이라고 비난했다(48절). 이것은 예수님의 "정통성"을 부정하는 비난이었다. 사마리아인들은 "이방인들"로 취급되었는데, 말하자면 예수님께서는 유대인도, 아브라함의 자손도 아니라는 것이다. ③ 예수님께서 "마귀 들렸다"고 비난했다(48,49절). 마귀 들린 바리새인들이 하나님의 아들이신 주님께 마귀 들렸다고 비난한 것인데, 이것은 "성령을 거스르는 모독"으로서 "용서받을 수 없는 가중한 죄"였다(마 12:31,32, 막 3:28-30).

아브라함이 나기 전부터 계시는 예수 그리스도(50-59절)

예수 그리스도께서는 "그분의 말을 지키는" 자들, 곧 "그분의 말씀을 듣고 굳게 잡고 헛되이 믿지 않는"(고전 15:2) 자들에게 "**결코 죽음을 보지 않을 것**"이라는 "**영생**"을 약속하셨다(51절). 이스라엘의 조상이며, 유대인들이 가장 존경하는 인물인 "아브라함"도 죽음을 이기지 못했으나(52,53절), **예수님께서는 "결코 죽음을 보지 아니하리라."라고 말씀하심으로써 자신이 아브라함보다 더 위대하시다는 사실을 드러내셨다**. 이는 그분이 "하나님의 아들"이시기(54,55절) 때문이다.

예수 그리스도께서는 "아브라함이 나기 전부터 존재하시는" 영원하신 하나님이시다(58절). 예수님께서는 아브라함이 "나의 날," 곧 "예수님의 날"을 보기 원했다고 말씀하셨는데(56절), **이것은 예수님께서 하나님이실 때만 가능한 말씀이다**.

『너희 조상 아브라함은 나의 날 보기를 기뻐하다가 그후 그것을 보고 즐거워하였느니라』(44절). 이 말씀의 의미를 히브리서 11장에서 정확하게 해석해 주고 있다. 『믿음으로 아브라함은 시험을 받을 때 이삭을 제물로 드렸으니, 그 약속들을 받은 자가 그의 독생자를 드린 것이라. 그에 관하여 말씀하시기를 "네 씨라 불릴 자는 이삭에게서 난 자라."고 하셨으니 그는 하나님께서 죽은 자들로부터 그를 살리실 수 있으리라고 생각하였음이라. 이로써 그는 모형으로 그를 죽은 자 가운데서 다시 받은 것이니라』(17-19절). 아브라함은 하나님의 "독생자"께서 십자가의 제단에서 제물로 드려지는 장면을 그의 독생자인 "이삭"이라는 모형을 통해 보았고, 설령 그의 아들 이삭을 제물로 바치더라도 『**하나님께서 죽은 자들로부터 그를 살리실 수 있으리라고**』(19절) 생각했으며, 또한 『**모형으로**』(19절) 그 이삭을 죽은 자 가운데서 다시 돌려받았다. 아브라함은 이러한 모형적인 사건을 통해 예수 그리스도의 죽으심과 부활을 『보기를 기뻐하다가 그후 그것을 보고』(44절) 즐거워했던 것이다.

예수님께서는 아브라함이 나기 전부터 "나는 있었느니라"(I was)고 말씀하지 않으시고 "**나는 있느니라**"(I am)고 말씀하셨다(57,58절). "나는 있느니라"(현재형)는 말씀은 예수님께서는 언제라도 계실 수 있는 분이라는 뜻이다. **즉 "과거," "현재," "미래" 어떤 시제이든지 예수님께는 항상 "현재"로서**, 그분은 과거에만 하나님이 아니라, 과거, 현재, 미래, 영원토록 하나님이신 것이다. 특히 "나는 있느니라"에 해당되는 "I am"은 구약에서 "**하나님의 이름**"이기도 하다. 『**하나님께서 모세에게 말씀하시기를 "나는 곧 나니라." 하시고, 또 말씀하시기를 "너는 이스라엘 자손들에게 이같이 말할지니 '나이신 분께서 나를 너희에게 보내셨다.' 하라." 하시니라**』(출 3:14). 예수님께서는 바로 그 "나이신 분"(I AM)인 것인데, 영원 이전부터 영원 이후까지 항상 하나님이신 것이다.

예수 그리스도께서 하신 이 말씀의 의미를 제대로 알아들은 바리새인들은 "신성모독"을 했다는 이유로 예수님께 돌을 집어서 던지려고 했다(59절). 하지만 그들은 예수님께 결코 던질 수 없었다. 『**이는 아직 그의 때가 이르지 않았기 때문이라**』(요 7:30). 인간은 결코 하나님께서 계획하신 스케줄에 역행하는 그 어떤 일도 마음대로 할 수 있는 능력을 갖지 못한다!

■ 새롭게 깨달았거나 적용할 내용이 있다면 적어 보세요. ■

NOTES

NOTES

제4과

소경을 치유하신 예수 그리스도(9장)

『그가 대답하여 말하기를 "예수라는 사람이 진흙을 이겨 내 눈에 바르고 내게 말하기를 '실로암 못에 가서 씻으라.'고 하기에 가서 씻었더니 보게 되었노라."고 하더라』(요 9:11).

캄캄한 암흑 속의 기적

수십 년 전 미국 켄터키 주 "프랭크포트"에서 탄광 매몰 사건이 발생했다. 당시 매몰된 탄광 갱도 안에는 그곳에 갇힌 지 9일 만에 극적으로 구조된 아홉 명의 광부들이 있었다. 그들 가운데 한 광부가 머리에 쓰고 있던 "탄광용 헬멧" 표면에 날카로운 석탄 조각으로 갈겨쓴 것처럼 보이는 글자 몇 개가 눈에 띄었다. 자세히 보니 "나는 죽었고 구원을 받았노라."라는 짧은 글귀였다. 많은 기자들이 그 광부에게 몰려들었고 그중 한 명이 이렇게 물었다. "무너진 갱도 안에서 '어떻게' 9일 동안이나 지낼 수 있었습니까?" 그러자 그는 "노래를 불렀습니다."라고 대답했다. 모두들 두 눈이 휘둥그레졌다. "뭐라고요? 노래를 불렀다고요? 그 캄캄하고 숨이 막히는 갱도 안에서 도대체 무슨 노래를 불렀단 말입니까?" "지금까지 작사 작곡된 노래들 중에 가장 위대하고 가장 감동적인 노래입니다!" 사람들은 더욱 호기심이 발동되었고, 이에 기자는 "도대체 그게 무슨 노래입니까?"라고 물었다. 그러자 그 광부는 눈을 감고 그때 그 어두컴컴한 탄광 안에서 불렀던 찬송가 "나 같은 죄인 살리신"을 천천히 부르기 시작했다. "놀라워라, 주 은혜로 날 구원했으니, 내 잃어버린 생명을 이제야 찾았네. 앞 못 보는 캄캄한 곳에서 갇혀 살았지만, 나, 주님 만나는 순간, 나 보게 되었네." 땅속 깊고 어두운 칠흑 같은 암흑 속에서 그들은 눈먼 소경들이 되었으나 사실상 "참 빛"을 보고 있었다. 그들은 죽게 되었음에도 불구하고 영원한 생명을 얻었다는 사실을 확신하고 있었던 것이다.

소경을 치유하신 예수님(1-13절)

예수 그리스도의 초림 당시 이스라엘에는 "소경"보다 못한 사람들이 많았다. 대표적인 집단이 "바리새인들" 같은 종교 지도자들이었는데, 이들은 자기들 스스로는 본다고 하면서도 실제로는 보지 못하는 자들이었다. "영적 소경들"인 것이다. 예수님께서는 그런 눈먼 소경들을 가리켜 "용서받지 못한 자들"이라고 경고하셨다(요 9:39-41). 다시 말해 자기들 스스로 아무런 죄가 없고, 선하고 경건하며, 아주 헌신된 사람이라고 착각하면서 죄를 용서받기 위해 예수 그리스도께로 나아오지 않았던 바리새인들은 결국 구원받지 못한 채 "멸망의 길"을 지속했던 것이다. 반면에 실제로는 보지 못했어도, 예수 그리스도를 믿고 신뢰함으로써 눈도 뜨고 죄도 용서받은 소경들이 있었으니, 바로 본문에 나오는 소경이다.

"보냄을 받았다"(7절)는 뜻의 "실로암"은 예루살렘 성읍 안 동남쪽 끝에 위치한 연못으로, 터널을 통해 성읍 밖에 있는 "기혼 샘"(대하 32:30)과 연결되어 있다. 예수 그리스도께서는 실로암 근처에서 "날 때부터 소경"인 한 거지를 만나셨고(1절), 땅에 침을 뱉어 이긴 진흙을 그의 눈에 바른 다음 실로암 연못에 가서 씻으라고 하심으로 그 소경을 치유해 주셨다(6,7절).

사람들은 그가 소경으로 태어난 것이 "죄" 때문이라고 생각했다(2절). 그러나 예수님께서는 그 사람 자신이나 그의 부모의 죄 때문이 아니라, 그 사람 안에서 "하나님의 일들"을 나타내시기 위한 것이라고 말씀하셨다(3절). "소경의 눈을 뜨게 하는 놀라운 기적"을 행하심으로써, 궁극적으로는 아버지 하나님께 영광을 돌리기 위한 "하나님의 일들"을 드러내 보이시기 위함이라는 것이다. 그렇다면 예수 그리스도께서 궁극적으로 행하실 "하나님의 일들"이란 무엇인가?

그것은 바로 "세상의 빛"(5절)으로서 어두운 세상에 빛을 주시는 일이었다. 지금 예수님께서는 어두움 속에 있는 자, 곧 소경에게 빛을 주심으로써, 어두움 속에 놓여 있는 세상에게 빛을 주신다는 사실을 알려 주시는 것이다.

그러나 "세상의 빛"(5절)이시고 "생명의 근원"(요 1:4)이신 예수 그리스도를 거부하는 자들은 빛이 비쳐도 깨닫지 못한다(요 1:5,9,10; 8:27). 그래서 그들의 길은 암흑과 같다(잠 4:19). 빛과 생명을 완강히 거부한 채 영적 암흑 속에 살아가는 "영이 죽어 있는 죄인들"은 영적인 눈이 멀어 있다. 그로 인해 항상 육신적으로만 생각하고, 죄악을 행하기를 좋아하며, 어두움을 사랑하는 "마귀의 자식들"로 행하는 것이다. 하지만 예수 그리스도를 개인의 구주로 영접하면 영원한 생명의 빛을 소유하게 되고 빛의 자녀가 되어 빛 가운데 행할 수 있게 된다(요일 1:7). 따라서 때가 "낮일 동안"에 해야 할 하나님의 일은 영적으로 "눈먼 자들의 눈"을 뜨게 해 주는 일이다. 일할 수 없는 밤이 오기 전에, 곧 때가 "낮일 동안"에 생명과 빛을 소유한 빛의 자녀이자 낮의 자녀로서(살전 5:5) 빛과 생명이신 예수 그리스도를 부지런히 증거해야 하고 구원의 복음을 열정적으로 전파해야 한다.

한편 태어날 때부터 볼 수 없었던 소경은 "영이 죽은 채 태어난 영적으로 눈먼 죄인"을 상징한다. 한 번도 빛을 보지 못한 소경이 "빛"이 필요하다는 사실을 모르는 것처럼, 죄인 역시 자신에게 "구원자"가 필요하다는 사실을 알지 못한다. 그런 비참한 눈먼 소경을 주님께서 보시고 다가와 불쌍히 여기셔서 그의 눈을 치유해 주신 것인데, 이런 사실은 진흙으로 지어졌고 물로부터 육신적으로 출생한 인간이 "하나님께서 먼저 일하시지 않는 한" 절대로 구원받을 수 없음을 보여 준다. 이런 사실을 상기시켜 주시기라도 하듯, 육신을 입고 이 땅에 오신 "창조주 하나님," 곧 예수 그리스도께서는 "땅에 침을 뱉어 이긴 그 진흙"으로 소경의 눈을 만져 주신 후 실로암 못의 물로 씻으라고 명령하신다. 그 "물"은 영적인 의미로 "말씀의 물"(엡 5:26)을 가리키는데, 이것은 『**성경을 상고하**

라.』(요 5:39)라는 예수님의 명령을 떠올리게 한다. 영적 어둠 속에서 죄의 사슬에 속박되어 있는 죄인이 복음을 듣고 그 말씀에 믿음으로 순종하면(롬 1:5), 예수님의 말씀에 순종한 소경이 "물로 씻고 새롭게 뜨게 된 눈으로 보면서" 왔던 것처럼(7절) 그 말씀을 통해 영적 생명이 다시 태어나서 말씀의 빛으로 영적인 눈을 뜨고 빛을 볼 수 있게 된다!(시 119:13)

그런데 "눈을 뜬 소경"을 본 많은 사람들은 이 위대한 기적에 대해 놀라워하기만 할 뿐, 누구 하나 그의 말을 듣고 예수님을 믿은 사람이 없었다(8-11절). 그야말로 그 사람들은 "영적인 소경들"이었는데, 그들은 이 "위대한 기적"을 보고서도 "누가" 눈을 뜨게 해 주신 것이냐고 묻지 않고 "어떻게" 눈을 뜨게 되었느냐고 다그치기만 했다(10절). 이는 그들이 그 사건에 대해 그저 "호기심"만 가졌을 뿐 놀라운 기적을 행하신 "예수 그리스도"에 대해서는 전혀 관심이 없었기 때문이다. 이에 반해 그 소경은 놀라운 기적을 경험한 당사자로서 "어떻게"라는 그 방법보다도 그렇게 해 주신 분이 "누구"인지에 대해 사람들에게 증거하고 간증했는데, 자기를 고쳐 주신 "예수님"에 대해 증거한 것이다(11절). 그러나 어리석은 군중들은 소경의 이런 간증을 선뜻 받아들이지 못했는데, 그 이유를 보니까 예수님을 "그리스도"(메시아)로 인정하게 되면 유대인의 회당에서 출회될 거라고 바리새인들이 이미 결의해 놓았기 때문이다(22절). 그래서 군중들은 이 일에 대한 판단을 "바리새인들"에게 맡기게 된다(12,13절).

■ 새롭게 깨달았거나 적용할 내용이 있다면 적어 보세요. ■

눈을 뜬 소경의 담대한 고백(14-34절)

예수님께서 이 소경을 고치신 날은 마침 "안식일"이었다(14절). 바리새인들은 예수님을 책잡을 거리 하나를 발견한 것이다. 그들은 "안식일을 어기는 사람은 율법을 어기는 자"이기에 예수님은 "하나님께로부터 온 사람"이 아니라고 비난했다(15-17절). 요한복음 7,8장에서 예수님께서는 자신이 "하나님께로부터 온 분"이라는 사실을 다양하게 증거하셨다. 하지만 바리새인들은 안식일을 지키지 않는다는 그 이유 하나만으로 예수님이 "하나님께로부터 온 분"이 아니라고 일축해 버린 것이다.

바리새인들이 이처럼 "안식일 문제"에 집착했던 것은 백성들을 "종교 행위"로 억압함으로써 자기들의 세력을 유지하기 위해서였다. 그들은 "율법 선생들"인지라, 백성들이 율법에 의존해야만 그들로부터 존경받을 수 있었던 것이다. 결국 그들은 세상의 빛이신 예수 그리스도를 거부하는 "타락한 인간의 본성"을 드러내고 말았는데, 하나님의 의를 거부하고 종교적인 의를 지키면서 더러운 걸레 같은 인간의 의를 내세운 것이다. 그들의 이런 모습에 대해 성경은 『**그들이 하나님의 의를 모르고 자기들의 의를 세우려 함으로써 그들 스스로 하나님의 의에 복종치**』(롬 10:3) 않았다고 말씀한다.

한편 바리새인들은 원하는 대답을 듣지 못하자, 소경이었던 남자의 부모까지 불러 심문했다(18,19절). 『**이 사람이 너희가 나면서부터 소경이라고 말하는 너희 아들이냐? 그런데 어떻게 해서 지금은 보느냐?**』(19절) 이 질문에 부모는 "알지 못한다"고 거짓말을 하면서 매우 비굴하고 무책임하기 짝이 없는 답변을 했는데(20,21절), 이는 그들에게 믿음이 없었고, 또 그들이 하나님보다 사람을 더 두려워했기 때문이다(22,23절). 『**사람을 두려워하면 덫에 걸리나, 주를 신뢰하는 자는 누구나 안전하리라**』(잠 29:25).

그러나 "눈을 뜨게 된 소경"은 그들과 달리 바리새인들 앞에서 전혀 서슴없이 자신의 "믿음의 고백"을 솔직하고 담대하게 증거했는데, 자신을 치유해 주신 분이 예수님이라고 증거했을 뿐 아니라(15절), 그분을 "선지자"라고 고백했다(17절, 신 18:15, 요 6:14). 이것은 실로 자신이 가진 믿음을 있는 그대로 밝힌 "소신 있는 증언"이었고 바리새인들 앞에서 행한 "담대한 증언"이었다. 왜냐하면 이 증언은 바리새인들이 "예수님은 하나님께로부터 온 사람이 아니라고 말했을 때," 그 주장을 정면으로 반박한 말이었기 때문이다.

이렇듯 눈을 뜨게 된 소경은 유대인들과 바리새인들의 계속되는 질문 공격을 받으면서도(10,12,15,17,19,24,26절), 어느새 그 믿음과 지혜와 명철이 자라나고 있었다. 심지어 그는 나중에 가서 예수님을 "주"로 인정하고 믿기까지 한다. 다시 말해 예수님을 "하나님의 아들"로 믿고 구원받게 된다(35-38절). 육체의 눈만 뜬 것이 아니라 영적인 눈까지 완전히 뜨게 된 것이다. 쉴 새 없이 계속되는 의심과 회의감과 위협과 협박이라는 『**불붙은 화살**』(엡 6:16)의 공격에도 소경은 굴하지 않았고 그에 담대히 맞서면서 『**내가 한 가지 아는 것은**』(25절)이라는 말을 하며 『**믿음의 방패**』(엡 6:16)를 계속 들어 올렸다.

그럼에도 불구하고 바리새인들은 더욱 집요하게 소경이었던 자를 계속 추궁했고, 급기야 예수님을 "죄인"이라고까지 비난했다(24절). 더럽고 가증한 죄인들이 거룩하신 예수 그리스도를 "죄인"이라고 힐난한 것이다. 그러면서도 그들은 하나님께 영광을 돌린다고 말했다(24절). 나중에 그들은 예수님을 십자가에 못 박아 죽이면서도 하나님께 영광을 돌린다고 했다. 이 얼마나 "엄청난 모순"인가! 이처럼 마귀의 종들은 매우 "종교적"이다. 경건의 모양과 종교성 뒤에 숨어 자신의 사악한 죄들을 감추는 것이다. 그런 마귀의 종들을 영적 분별력으로 올바르게 분별해야 한다. 올바른 성경 지식이 있어야 제대로 된 영적 분별력을 가질 수 있다.

『**그 사람이 너에게 무엇을 했느냐? 어떻게 너의 눈을 뜨게 했느냐?**』(26절)

바리새인들의 추궁은 계속되었다. 이에 소경이었던 자는 『**내가 이미 당신들에게 말하였는데도 듣지 아니하더니 어찌하여 또다시 듣고자 하는가? 당신들도 그의 제자가 되기 원하는가?**』(27절)라고 물었다. 그들을 "비꼬고" 있는 것이다. 바리새인들로서는 참으로 당혹스러운 비난이 아닐 수 없었는데, 이 말에 너무 화가 났는지 그들은 "욕설"까지 퍼부었다. 그러면서 자기들이 "모세의 제자"라고 선언했다(28,29절). 그러나 이것은 "위선"인데, 이는 그들이 모세를 믿는 사람들이 아니었기 때문이다(요 5:46,47).

이제 소경이었던 그 사람은 바리새인들을 대상으로 "아주 멋지고 강렬한 설교"를 선포했다(30-33절). 설교의 요지는, "예수님께서 하나님께로부터 온 사람이 아니라면 어떻게 소경의 눈을 뜨게 할 수 있겠느냐?"라는 것이었다. 결국 그 소경이었던 자의 확실하고 담대한 증거를 이겨 내지 못한 바리새인들은 "줄행랑치고" 말았는데, 그에게 "죄인"이라는 누명을 씌우고 그를 쫓아내 버린 것이다(34절).

소경의 참된 회심(15-41절)

예수님께서는 바리새인들로부터 쫓겨난 그에게 다시 오셔서 자신을 드러내셨다. 그리고 이렇게 물으셨다. 『**너는 하나님의 아들을 믿느냐?**』(35절) 이에 대해 소경은 『**그가 누구시니이까? 주여, 내가 그를 믿고자 하나이다... 주여, 내가 믿나이다.**』(36,38절)라고 고백하며 주님께 경배를 드렸다. 그 소경이었던 자의 고백은 위대한 고백이었고, 그로 하여금 구원을 받게 하는 고백이었다.

예수 그리스도께서 이 땅에 오신 목적이 무엇인가? 죄인들을 구원하시기 위해 오셨다. 『**그리스도 예수께서 죄인들을 구원하시려고 세상에 오셨다는 이 말씀은 신실하며, 온전히 받아들이기에 합당하도다. 죄인들 중에서 내가 우두머**

리라』(딤전 1:15). 또한 "심판을 위해" 오셨는데, 이는 "보지 못하는 자들"은 보게 하고, "보는 자들"은 앞을 못 보는 소경이 되도록 하기 위함이었다(39절). 이에 바리새인들이 또다시 발끈하자(40절), 예수님께서는 다음과 같은 말로 그들을 책망하셨다. 『**만일 너희가 소경이라면 죄가 없을 것이나 이제 너희가 말하기를 '우리는 본다.'고 하므로 너희 죄가 남아 있느니라**』(41절). 이를 테면 이런 뜻이다. "만일 너희가 소경이라고 했다면 날 때부터 소경이었다가 눈을 뜨게 된 사람처럼 나를 믿고 구원받아 죄가 없게 될 것이지만, '우리가 본다.'라고 하니 큰 문제가 아닐 수 없다. 이는 너희가 여전히 영적으로 눈이 먼 죄인들이기 때문이다." 자신이 죄인이라는 것을 부인하는 자들은 타락한 본성의 암흑 속에서 "자기 의"만 붙잡고 죄 가운데 거하다가 결국 멸망하고 만다. 스스로 죄인임을 인정하지 않는 자는 결코 구원을 받을 수 없는 것이다! 『**아들을 믿는 자는 영생을 가졌고 그 아들을 믿지 않는 자는 생명을 보지 못하고 오히려 하나님의 진노가 그 사람 위에 머물러 있느니라**』(요 3:36).

"화니 크로스비"(1820-1915)는 생후 6주 때 안과 의사의 실수로 실명했다. 그러던 그녀가 아홉 살이 되던 어느 봄날, 그녀의 몸을 주님께 헌신하면서 "주님의 선하고 순수하고 고결한 목적에 저를 써 주십시오."라고 기도했고, 그날 집으로 돌아와서는 처음으로 시를 썼다고 한다. 먼 훗날 그 기도는 응답되었는데, 그녀가 44세에 되던 해에 처음으로 찬송가 가사를 썼고, 그때부터 일주일에 세 편씩 50년간 찬송가를 작사했으며, 95세에 주님 곁으로 갈 때까지 8천 곡 이상의 찬송시를 남겼다. 비록 앞을 못 보는 소경이었지만, 그녀는 복된 소망으로 그 누구보다도 더 멀리, 더 또렷하게 하나님의 빛을 보는 영적인 눈을 지니고 있었던 것이다!

NOTES

제5과

양들을 위하여 생명을 내어 놓는 "선한 목자"(10장)

『도둑은 오직 도둑질하고 죽이며 멸망시키려고 오지만, 내가 온 것은 양들로 생명을 얻고 더 풍성히 얻게 하려 함이라』(요 10:10).

아버지 하나님과 하나이신 분

요한복음 10장 전반부에서는 양의 목자이시고, 양우리로 들어가는 유일한 문이시며, 양들을 위해 자신의 목숨을 내어 놓는 선한 목자이신 예수 그리스도에 대해 묘사하고 있다. 후반부에서는 그 선한 목자께서 양들에게 생명을 주시는 분, 아무도 그분으로부터 양들을 빼앗아 갈 수 없게 하시는 능력을 가지신 분, 더 나아가 아버지 하나님과 하나이신 분으로 묘사하며 예수 그리스도의 신성을 설명한다.

선한 목자이신 예수 그리스도(1-21절)

『진실로 진실로 내가 너희에게 말하노니, 양우리에 문으로 들어가지 아니하고 다른 길로 넘어 들어가는 자는 도둑이요 강도라. 그러나 문으로 들어가는 이는 양의 목자라』(1,2절).

성경에서 "양"이나 "양떼"는 일차적으로 이스라엘을 말한다. 이스라엘의 회복을 설명하는 에스겔 34장에서 이스라엘을 "양무리"로 지칭하고 있으며(겔 34:11,12), 예수님께서도 지상에서 사역을 하시는 동안 이스라엘을 목자 없는 양(마 9:36), 잃어버린 양(마 10:6; 15:24; 18:12, 눅 15:4-6)에 비유하여 말씀하셨다. 그러나 신약에서는, 특히 갈보리 십자가 이후에는 "양"이나 "양무리" 또는 "양떼"를 구원받은 사람들을 지칭하는 데 사용한다(벧전 2:25).

예수 그리스도께서는 양떼를 돌보는 목자이시자(2절) 양우리로 들어가는

"그 문"이시다(9절; 14:6). 즉 누구든지 양우리(하늘나라)에 들어가기 위해서는 "그 문"이신 예수 그리스도를 통과해야만 한다. 다른 길로 넘어 양우리에 들어가려고 하는 자들은 (9장의 마지막 절에서 바로 연결되는 말씀으로 보아) 일차적으로 초림 당시의 바리새인들이지만 그 외에 세상의 모든 철학과 종교들에도 적용할 수 있다. 누구든지 마귀에게 사로잡힌 채 "그 문"이신 예수 그리스도를 통하지 않고 양우리로 들어가려고 하는 자들은 도둑이요 강도들이다.

『그에게 문지기가 문을 열면 양들은 그의 음성을 듣나니, 그러면 그는 자기 자신의 양들의 이름을 불러서 이끌어 내느니라. 그가 자기 양들을 이끌어 낸 후 양떼 앞에서 걸어가면 양들이 그를 따라가나니 이는 양들이 그의 음성을 알기 때문이라. 그러나 그들이 낯선 사람은 따라가지 아니하고 오히려 그에게서 달아나나니, 이는 그들이 낯선 사람의 음성을 모르기 때문이라』(3-5절).

양들은 목자의 음성을 분별할 줄 안다. 그래서 목자의 음성만을 따라가며, 낯선 사람의 음성으로부터는 달아난다. 선한 목자이신 예수님께서는 한 사람 한 사람, 그분의 양들의 이름을 불러서 그들을 세상으로부터 이끌어 내시고, 죄로부터 이끌어 내신다. 우리가 이 땅에서 주님과 동행하는 삶을 살아가는 동안에도 주님은 우리의 이름을 불러 주시고, 우리는 주님을 바라본다. 주님께서는 공중으로 재림하실 때, 곧 주님께서 우리를 공중으로 끌어올리실 휴거의 때에도 우리의 이름을 큰 음성으로 부르실 것이다. "아무개야, 이리로 올라오라!" 그러면 우리가 화들짝 놀라면서 "예! 주님!"하고 대답하는 순간 어느새 공중으로 끌려올라가 주님을 만나 뵙고 있을 것이다(살전 4:16,17). 주님께서 언제 우리의 이름을 부르실지 모르므로 죄를 짓다가 불려 올라가는 수치를 당하지 않도록 주의해야 한다(요일 2:28).

『진실로 진실로 내가 너희에게 말하노니, 나는 양들의 문이라. 내 앞에 온 자는 다 도둑들이요 강도들이라. 양들이 그들을 듣지 아니하였느니라. 나는 그 문이라. 누구든지 나를 통하여 들어가면 구원받을 것이며 또 들어가며 나오며 초장을 찾으리라』(7-9절).

예수 그리스도보다 먼저 온 자들은 헬라의 철학자들이었다(소크라테스, 플라토, 아리스토텔레스, 프로타고라스 등). 이 철학자들은 모두 마귀를 따르는 도둑들이요, 강도들이었다. 이들은 문이 아닌 것을 넘어 양우리로 들어오려는 도둑들과 같았다. 그들 뒤에 오신 예수 그리스도께서는 자신이 양들의 문이라고 하셨다.

둘째 하늘과 하나님의 보좌가 있는 셋째 하늘 사이에는 "깊음"이라고 불리는 거대한 "물 층"이 존재한다(계 15:2; 4:6, 욥 38:30, 창 1:2,6,7). **주 예수 그리스도께서는 "그 문"(계 4:1)을 통해 깊음 아래로 내려오셔서 성도들 한 사람 한 사람을 구원하셨다**. 성도들은 예수 그리스도께서 우리를 데리러 오실 때 휴거되어 셋째 하늘로 "들어갔다가"(살전 4:16,17) 그리스도께서 지상으로 재림하실 때 그분과 함께 "나오며," 아마겟돈 전쟁이 끝난 뒤 천년왕국에서는 "초장"을 갖게 될 것이다.

선한 목자이신 예수 그리스도께서는 "아버지께서 나를 아시고 나도 아버지를 아는 것"처럼, 자신의 양들을 알고 계시며 그 양들을 위하여 자신의 생명을 내어 놓을 것이라고 말씀하셨다(15절). 죄인들을 위하여 자신의 목숨을 내어 놓으신 일은 인간을 향하신 하나님의 극진한 사랑을 표현한 것이다. 『**우리가 아직 죄인이었을 때 그리스도께서 우리를 위하여 죽으심으로써 하나님께서는 우리를 향한 그의 사랑을 나타내셨느니라. 그러므로 이제 그의 피로 의롭게 되었으니 더욱더 우리가 그를 통하여 진노로부터 구원받게 되리라**』(롬 5:8,9).

『도둑은 오직 도둑질하고 죽이며 멸망시키려고 오지만, 내가 온 것은 양들로 생명을 얻고 더 풍성히 얻게 하려 함이라. 나는 선한 목자라. 선한 목자는 양들을 위하여 자기 생명을 내어 놓으나 삯꾼은 목자가 아니요, 양들도 자기 양들이 아니므로 이리가 오는 것을 보면 양들을 버려 두고 도망치느니라. 그리하여 이리가 양들을 채 가고 흩어지게 하느니라. 삯꾼이 도망치는 것은 그가 삯꾼이기 때문이며, 따라서 양에 대해서는 관심이 없느니라』(10-13절).

성경에는 선한 목자이신 예수 그리스도와 "우상 목자"인 적그리스도가 언급된다(슥 11:16,17).

삯꾼은 자기 양들이 아니므로 이리가 오는 것을 보면 양들을 버려두고 도망치는데, 이는 그가 양들에 대해서는 전혀 관심이 없기 때문이다. 그들은 주님을 섬기는 자들이 아니라 자기들의 배를 섬기는 자들로서, 더러운 이익 때문에 가르쳐서는 안 될 것들을 가르친다(롬 16:18, 딛 1:11). 첫째, 삯꾼은 요한계시록 20:4,5의 첫 번째 부활을 성도들의 영적인 부활이라고 가르치며, 실제적인 육체의 부활과 예수 그리스도의 재림과 이 땅에서의 통치를 부인한다(딤후 2:18). 둘째, 삯꾼은 이익이 경건이라고 가르치고 경건의 모양만을 추구하며 경건의 능력은 부인한다(딤전 6:5, 딤후 3:5). 셋째, 삯꾼은 양들을 지배하려 하고 자신의 지위와 조직을 보호하기 위해 회중을 기꺼이 희생시킨다(니콜라파, 계 2:15). 이와 반대로 목자는 양들을 먹이는 사람이고(시 23:1,2), 양들을 인도하는 사람이며(시 23:3), 양들을 죽음으로부터 보호하기 위해 끝까지 동행하는 사람이다(시 23:4). 『**나는 선한 목자라. 나는 내 양들을 알고 내 양들도 나를 아느니라. 아버지께서 나를 아시는 것같이 나도 아버지를 아나니 나는 양들을 위하여 나의 생명을 내어 놓느니라**』(14,15절).

『또 나에게 이 양우리에 들지 아니한 다른 양들이 있어 내가 그들도 데려와야 하리니, 그들도 나의 음성을 듣게 되리라. 그리하여 한 양떼에 한 목자만 있으리라』(16절).

로마카톨릭은 "이 양우리"가 카톨릭 자신이고 거기에 들지 않은 다른 양들은 종교개혁 때 카톨릭에서 벗어난 프로테스탄트라고 말함으로써 카톨릭을 중심으로 한 교회통합을 주장한다.

어떤 자들은 『**이 양우리**』를 유대인의 양우리라고 하고, 『**다른 양들**』을 이방인들이라고 해석한다. 그러나 이방인은 성경에서 양이라고 불리지 않는다. 성경에서 이방인은 『**본래 진노의 자녀**』(엡 2:3)이고, 『**불순종의 자녀**』(엡 5:6)로서, 『**이 세상의 풍조를 따르고 공중 권세의 통치자, 곧 지금 불순종의 자녀들 안에서 역사하는 영을 따라**』 행하는(엡 2:2) 자들이라고 불리며, 『**그리스도로부터 분리**』되어 있고, 『**이스라엘 나라에 속하지 않는 타국인이요, 약속의 언약들로부터는 생소한 사람**』이며, 그래서 『**소망도 없고, 세상에서 하나님도**』 없는(엡 2:12) 사람들로 여겨질 뿐이다.

그렇다면 "다른 양들"은 누구인가? 구약과 신약에서 공히 "양"이라 불리는 사람들은 이스라엘이다. 특별히 그들은 "잃어버린 상태"에 있어도 양이라고 불린다. 에스겔 34장은 이스라엘 "양무리"에 대해 언급하고 있으며, 특히 흩어진 양들에 대해 말한다. 『**내 양이 모든 산들과 높은 언덕마다 유리하였으며, 정녕 내 양무리가 땅의 모든 지면에 흩어졌으나 그들을 찾거나 찾아 나선 자가 아무도 없도다**』(겔 34:6). 『**목자가 흩어져 있는 자기 양들 가운데 있는 날에 그가 자기 양무리를 찾아냄같이 나도 내 양을 찾아내고**』(겔 34:12). 『**내가 내 양무리를 먹일 것이요, 내가 그들을 눕게 하리라**』(겔 34:15). 『**내가 잃어버린 자를 찾을 것이요**』(겔 34:16). 『**너희로 말하자면 오 내 양무리야**』(겔 34:17). 『**나의**

양무리로 말하자면』(겔 34:19). **따라서 양우리에 들지 않은 다른 양들은 교리적으로 "흩어져 있는 이스라엘"을 가리킨다. 주님께서 가셔서 데려오실 "다른 양들"은 이방인들이 아니다.**

■ 새롭게 깨달았거나 적용할 내용이 있다면 적어 보세요. ■

신실한 목자이신 예수 그리스도의 신성(22-42절)

『너희가 믿지 아니하는도다. 이는 내가 너희에게 말한 바와 같이 너희가 내 양들이 아니기 때문이라. 내 양들은 내 음성을 들으며 나는 그들을 알고 그들은 나를 따르느니라. 내가 그들에게 영생을 주노니 그들은 영원히 멸망하지 않을 것이며, 또 아무도 나의 손에서 그들을 빼앗지 못할 것이니라. 그들을 나에게 주신 나의 아버지는 만유보다 더 위대하시니, 아무도 나의 아버지 손에서 그들을 빼앗아 갈 수 없느니라. 나와 나의 아버지는 하나니라."고 하시니 그때 유대인들이 주를 돌로 치려고 다시 돌을 들더라』(26-31절).

예수 그리스도께서 육신을 입고 이 땅에 오셨던 것은 이스라엘에게 약속된 메시아로서 출현하시기 위함이었고, 또 인류의 죄를 대속하시기 위해 자신을 십자가에 희생제물로 드리시기 위함이었다. 주님께서는 요한복음 10장에 이르기까지 이스라엘 앞에서 공개적인 사역을 통해 자신을 나타내셨지만 유대인들의 마음속에는 하나님의 아들에 대한 믿음이 전혀 자리 잡지 못했다. 그뿐만 아니라 바리새인들은 예수 그리스도를 죽일 음모까지 진행하고 있었으니, 이로써 이스라엘에 대한 예수 그리스도의 공개적인 사역은 요한복음 10장 후반부를 기점으로 사실상 끝나게 된다. 주님은 결국 공생애 사역을 처음 시작하실 때 침례인 요한에게 침례를 받으셨던 바로 그 장소로 물러가신다. **『그러므로 그들이 다시 주를 붙잡으려고 하더라. 그러나 주께서 그들의 손에서 빠져 나가시어 요단 강 건너편, 요한이 처음 침례를 주던 곳으로 다시 떠나시어 거기에 머무시니』**(39,40절).

"선한 목자"께서는 그분을 따르는 자신의 "양들"에게 영생을 주실 것이고,

"아무도" 그 양들을 『**나의 손**』 곧 주님의 손, 즉 『**나의 아버지 손**』에서 빼앗아 갈 수 없다(28-30절). 28절의 『**나의 손**』과 29절의 『**나의 아버지 손**』은 같은 손이다. 즉 예수님과 아버지의 삼위일체적 관계를 보여 준다. 『**나와 내 아버지는 하나니라**』(30절). 주님의 손이 곧 아버지 하나님의 손이며 이 두 분의 손은 같은 한 분의 손이다. 바로 이 손에서 아무도 그분의 양을 빼앗을 수 없다고 하셨는데, 십자가 이후에는 그 의미가 더 깊어졌다. 왜냐하면 우리가 주님의 손 안에서 보호받는 것이 아니라 주님의 손 자체가 되었기 때문이다(고전 12:27). 그렇기에 신약 그리스도인의 구원은 확실하며 영원히 보장되어 있다. 주님께서 내 안에 계시고 내가 주님 안에 있는 이 영원한 일체적 관계는 우리가 영원히 멸망하지 않을 하나님의 아들들임을 강조한다. 『**내가 확신하노니 사망이나 생명이나, 천사들이나 정사들이나 권세들이나 현재의 일들이나 다가올 일들이나, 높음이나 깊음이나, 어떤 다른 피조물이라도 우리를 그리스도 예수 우리 주 안에 있는 하나님의 사랑에서 떼어 놓을 수 없으리라**』(롬 8:38,39).

『예수께서 그들에게 대답하시기를 "너희의 율법에 '너희는 신들이라고 내가 말했다.' 고 기록되지 아니하였느냐? 하나님의 말씀이 임한 그들을 신들이라 불렀다면 성경은 폐기될 수 없나니 내가 '나는 하나님의 아들이라.' 고 말했다 하여, 너희가 아버지께서 성결케 하시어 세상에 보내신 그에 대해 '네가 하나님을 모독한다.' 고 말하느냐?』(34-36절)

주님께서 『**나와 내 아버지는 하나니라.**』(30절)라고 하시자 유대인들은 예수님께서 사람이면서 하나님으로 자처한다며(33절) 주님을 돌로 치려고 했다. 그러자 주님께서는 『**너희의 율법에 '너희는 신들이라고 내가 말했다.'고 기록되지 아니하였느냐? 하나님의 말씀이 임한 그들을 신들이라 불렀다면 성경은 폐기**

될 수 없나니 내가 '나는 하나님의 아들이라.'고 말했다 하여, 너희가 아버지께서 성결케 하시어 세상에 보내신 그에 대해 '네가 하나님을 모독한다.'고 말하느냐?』(34-36절)라고 하심으로 유대인들을 책망하셨다. 출애굽기 7:1에서 "하나님의 말씀이 임했던" 모세는 신으로 불렸다. 모세는 "하나님을 대신하여" 백성들에게 의를 행했고, "하나님을 대신하여" 재판했으며, 그가 내리는 모든 결정은 "하나님께서 내리시는 판결과 동일한 권위"를 갖고 있었다. 따라서 이에 불복하고 도전하는 것은 곧 하나님께 도전하는 것과 같다. 이처럼 어떤 사람들이 하나님께로부터 받은 권위로 백성들을 치리할 때, 하나님의 권위를 갖고 있는 그들을 성경에서 "신들"이라고 불렀다면, 그들보다 더 큰 사명을 받으시고 훨씬 많은 증거를 보이신 예수 그리스도를 하나님을 모독하는 사람으로 간주하는 것은 하나님께 대한 직접적인 도전과 같은 것이다.

또한 『**너희는 신들이라고 내가 말했다.**』(34절)라는 말씀은 시편 82:6,7의 인용이기도 하다. 『**내가 말하기를 "너희는 신들이며 너희 모두는 지극히 높으신 분의 자손들이라. 그러나 너희가 사람들처럼 죽게 될 것이며 통치자들 중의 하나같이 쓰러지리라." 하였도다**』(시 82:6,7). "신들"은 교리적으로 창세기 6장의 타락한 천사들을 가리킨다. 이들은 교회가 휴거되고 난 후 대환란이 시작될 때 다시 이 땅에 등장하게 될 것이다. 성경이 이 타락한 천사들을 신들이라고 불렀다 해도 성경은 폐기될 수 없다. 그렇기에 신들의 하나님이시며(시 136:2), 모든 신들 위에 계신 위대한 왕(시 95:3)이신 하나님께서 성결케 하시어 세상에 보내신 "하나님의 아들"께서 자신을 하나님과 동등하게 여기시는 것은 너무나도 당연한 일이다(빌 2:6).

예수님께서는 주님을 돌로 치려고 하는 유대인들에게 『**만일 내가 나의 아버지의 일들을 하지 아니한다면 나를 믿지 말라. 그러나 내가 행한다면 비록 너희가 나를 믿지 않는다 해도 그 일들은 믿으라. 그리하면 아버지께서 내 안에 계시며 또 내가 그분 안에 있는 것을 너희가 알게 되고 또 믿게 되리라.**』

(37,38절)라고 하셨다. 왜냐하면 주님께서 행하신 "아버지의 일들"은 실로 하나님이 아니시면 결코 수행될 수 없는 것들이었기 때문이다. 예수님께서 초림 때 행하셨던 기적들은 이미 구약에 예언되어 있었으며, 선한 목자이신 예수 그리스도의 신성을 나타내는 강력한 증거들이었다(사 35:4-6, 마 11:4,5).

■ 새롭게 깨달았거나 적용할 내용이 있다면 적어 보세요. ■

NOTES

제6과

나사로의 부활로 깊어지는 유대인들의 음모(11장)

『예수께서 그녀에게 말씀하시기를 "나는 부활이요, 생명이니 나를 믿는 자는 죽어도 살 것이며 또 살아서 나를 믿는 자는 누구나 영원히 죽지 아니하리라. 네가 이것을 믿느냐?"고 하시니』(요 11:25,26).

"사망의 향기" vs. "생명의 향기"

전 세계에는 화려한 왕의 묘에서부터 공동묘지와 납골당에 이르기까지 무덤의 종류와 그 규모가 참으로 다양하다. 그렇지만 그들 모두가 하나같이 죽었다는 사실에는 변함이 없다. 석가와 공자도, 마호메트와 숱한 교황들도 그러했고, 요한복음 11장의 나사로도 마찬가지이다. 그러나 나사로가 그들과 다른 점은 그가 죽었다가 무덤에서 일어났다는 사실이다. 나사로는 분명 "부활"했고, 또한 많은 사람에게 보였다(요 11:45). 이러한 "부활"(resurrection)이라는 용어는 신약에만 등장하는 것으로 신약의 기본 교리이며, 신약성경에서 40번 정도로 언급된다. 나사로가 다시 살아난 것은 스스로 그렇게 된 것이 아니라, 하나님의 아들이신 예수 그리스도로 말미암은 것이다(엡 2:8). 모든 사람의 생명은 무엇과도 바꿀 수 없는 소중한 것이다(마 16:26). 그래서 죽어가는 생명을 누군가 구해 내었다면, 모두가 그를 칭찬하는 것은 당연하다. 비록 죽어가는 그 사람이 강도나 살인자일지라도 말이다. 그런데 죽은 지 이미 나흘이나 되어 썩은 냄새가 진동하는 나사로를 살리신 예수 그리스도를 종교 지도자들은 죽이려 했다. 이렇듯 이해할 수 없는 일이 오늘날 생명의 복음을 전하는 그리스도인들에게도 일어나고 있는데, 그것은 믿지 않는 자들에게 견딜 수 없는 사망의 향기이기 때문이다. 『**정녕 이 사람들에게는 사망에 이르는 사망의 향기이나 저 사람들에게는 생명에 이르는 생명의 향기라. 누가 이런 일들을 원만히 감당하겠느냐?**』(고후 2:16)

나사로의 죽음(1-16절)

1. "하나님의 영광"을 위한 나사로의 죽음(1-4절)

『예수께서 그 말을 들으시고 말씀하시기를 "이 병은 죽음에 이르는 것이 아니라 하나님의 영광을 위한 것이라. 이는 하나님의 아들이 그 일로 인하여 영광을 받게 하려 함이라."고 하시니라』(4절).

어떤 사람이 병들었는데, 그는 "베다니" 사람으로 마르다와 마리아의 오라비인 "나사로"이다(1절). 특히 베다니는 예루살렘에서 얼마 떨어지지 않은 유대교의 본거지였기에(18절), 이곳에서 행하신 일은 온 유대에 삽시간에 퍼질 수밖에 없었다. 이제 병든 나사로를 위해 그의 누이들은 예수님께 사람을 보내어 도움을 요청하고 있다. 『**주여, 보소서, 주께서 사랑하시는 자가 병들었나이다**』(3절). 그런데 그들은 예수 그리스도를 『**주**』라고 불렀고, 나사로를 "우리 오라비"라고 말하지 않고 『**주께서 사랑하시는 자**』라고 말하고 있다. "주"라는 호칭은 예수 그리스도의 신성을 인정함으로써 그 권위 앞에 자신을 낮출 때만 가능한 표현이다. 거듭나지 않은 죄인이 예수 그리스도를 믿고 그분을 "**주**"라 시인하는 것 또한 이러한 자세에서 비롯된 것이다(롬 10:9). 또한 나사로를 "주님을 사랑하는 자"가 아니라, "주께서 사랑하시는 자"로 불렀다는 점에서 하나님께서 우리를 먼저 사랑하셨음을 다시 한번 상기시켜 주고 있다(5절). 『**우리가 하나님을 사랑한 것이 아니요 그분이 우리를 사랑하시고 그의 아들을 우리 죄들을 위하여 화목제물로 보내신 것이라.**』(요일 4:10). 그런데 누이들이 주님을 부르러 사람을 보낸 뒤, 주님께서 오시기도 전에 나사로는 죽었다(21절). 하지만 주님은 그곳에 당도하기도 전에 그의 죽음을 알고 계셨다(14,15절).

비록 주님께서 『**이 병은 죽음에 이르는 것이 아니라**』고 말씀하셨지만, 나사로는 결국 죽었다(히 9:27, 롬 6:23). 그러므로 예수께서 하신 말씀은 "나사로가 죽긴 죽지만 다시 살아날 것이다"고 말씀하신 것이다. 이것은 하나님의 영광을 위한 것임과 동시에 하나님의 아들도 영광을 받게 하려는 데 그 목적이 있었다. 나사로의 죽음과 부활은 잠시 후에 있을 예수 그리스도의 죽음과 부활에 대한 밑그림을 보여 주고 있다. 다시 말해 하나님의 영광을 아들이신 예수 그리스도를 통해 얻고자 하신 것이다. 『**아버지시여, 그 시간이 왔나이다. 아버지의 아들을 영화롭게 하셔서, 아들도 아버지를 영화롭게 하게 하옵소서**』(요 17:1).

어떤 그리스도인이 병들었다고 해서 그 사람을 향한 하나님의 사랑이 식었다거나 징계받은 것으로 여겨서는 안 된다(사 53:4, cf. 고전 11:30). 특히 "**그리스도인의 병**"은 결코 "죽음"(영원한 멸망)에 이르는 병이 될 수 없는데, 그 이유는 주님께서 재림하실 때 모두 살아날 것이기 때문이다. 구약 성도인 나사로의 부활은 "죽은 몸"에 그의 혼이 돌아온 것이지만(왕상 17:22), 신약 성도인 우리는 각자의 혼이 "새 몸"을 입게 될 것이다(고후 5:1-5).

2. 예수님을 막아선 제자들(5-10절)

『주께서 그가 병들었다는 말을 들으셨으나 머무시던 곳에서 이틀을 더 계시더라. 그후에 주께서 제자들에게 말씀하시기를 "유대로 다시 가자."고 하시더라』(6,7절).

"마리아와 마르다 그리고 나사로"를 사랑하신 주님께서 어찌 나사로가 죽었다는 소식에도 이처럼 늑장을 부리고 계신 것인가!(5,6절) 병들어 죽어가는 오라비로 인해 겪는 그녀들의 마음의 고통과 슬픔을 생각한다면 어찌 주저할 수 있었겠는가! 하지만 나사로가 살아났을 때의 그들의 기쁨은 그동안의 모든 슬픔을 잊어버리게 할 만큼 강력한 것이었다(계 7:17; 21:4). 이처럼 주님은 "사랑하는 자녀들"을 도우시기 전에 믿음의 굳건함을 위해 고난 가운데 두시는 경우가 있다. 『**이런 까닭에 우리가 낙심하지 아니하노라. 오히려 우리의 겉 사람이 썩어질지라도 우리의 속 사람은 날마다 새로워지나니 이는 우리가 잠시 받는 가벼운 환난이 우리를 위하여 훨씬 뛰어난 영원한 영광의 비중을 이루어 가기 때문이라.**』(고후 4:16,17).

또한 예수님께서는 이틀을 더 머무시면서 마냥 손 놓고 계셨던 것이 아니라 그를 위해 기도하고 계셨다. 『**아버지시여, 내 말을 들으신 것을 감사하나이다. 아버지께서 항상 내게 들으시는 줄 내가 알았나이다**』(41,42절). 이러한 점은 신약 성도들에게도 마찬가지로 적용된다(롬 8:34). 이제 하나님의 허락과 동의가 떨어지자, 곧장 『**유대로 다시 가자.**』라고 말씀하신다. 하지만 제자들은 얼마 전에 유대인들이 예수님을 돌로 치려고 했던 위험한 상황을 상기시켜 드리며 주님을 막아서고 있다(요 10:31, cf. 잠 3:5). 이를 모를 리 없으신 예수님께서는 그들에게 "<u>**나사로에게로 가자**</u>."라고 하지 않으시고, "<u>**유대로 다시 가자**</u>."라고 말씀하신 것이다.

그리고 한 걸음 더 나아가, "<u>**위험**</u>"을 경고하는 제자들에게 "<u>**세상의 빛**</u>"으로 오신 주님께서 이 땅에 계시는 "**낮**"일 동안에는 그렇지 않다고 알려 주셨다. 예수 그리스도께서 이 땅에 오셔서 완성하도록 부여받으신 일을 수행하는 시간은 "**낮**"이다. 그러므로 본문 9절의 『**낮에 다니면 넘어지지 아니하리니**』라는 말씀은 주님과 동행하는 그리스도인들에게도 영적으로 적용될 수 있다(시 119:105). 반면 『**그러나 사람이 밤에 다니면 넘어지나니, 이는 빛이 그 사람 안에 없기 때문이라**』는 말씀은 주님과 동행하지 않는 그리스도인에게 주시는 준엄한 경고이다.

3. 말씀을 깨닫지 못한 제자들(11-16절)

『예수께서는 그의 죽음을 말씀하셨으나, 그들은 주께서 잠들어 쉬는 것을 말씀하신 줄로 생각하더라』(13절).

주님은 나사로를 『**우리의 친구**』라 부르시면서(cf. 약 2:23), 죽은 나사로에 대해 "잠들었다"는 표현을 사용하고 계신다. 이것은 오직 "성도들의 몸"과 관련이 있는데(마 27:52), 구원받지 못한 자의 죽음에 대해서 성경은 "잠들었다"는 표현을 쓴 적이 없기 때문이다. 그러므로 구원받은 성도는 죽음을 두려워할 필요가 없다(시 23:4, cf. 딤후 1:7). 왜냐하면 그리스도인은 살든지 죽든지 주님과 함께할 것이기 때문이다. 『**주께서 우리를 위하여 죽으심은 우리가 깨든지 자든지 주와 함께 살게 하시려는 것이라**』(살전 5:10). 하지만 제자들은 주님께서 나사로의 죽음을 잠든 것으로 오해했다고 판단하고서는 『**주여, 그가 잠들었으면 낫겠나이다.**』라고 말한다. 이에 주님은 나사로가 죽은 그곳에 있지 않은 것을 기뻐하노라고 말씀하신다(15절). 사실 주님께서 그곳에 계셨더라면 "마르다"의 말대로 나사로는 죽지 않았을 것이다(21절). 그러나 나사로가 죽어야만 ❶ 『**나사로가 죽었도다.**』라고 하신 주님의 말씀이 입증되고, ❷ 제자들은 예수께서 하나님의 아들이심을 믿고 하나님께 영광을 돌리는 계기가 될 것이다. 그뿐 아니라 ❸ 나사로를 다시 살려 내심으로써 자신의 영광을 드러내시고, ❹ 제자들의 믿음 또한 공고하게 하는 계기가 되기 때문이다(15절).

이제 제자들에게 『**유대로 다시 가자.**』라고 하지 않으시고, 『**그에게로 가자.**』라고 말씀하신다. 나사로는 주님께로 올 수 없지만, 주님은 그에게로 가실 수 있다. 주님께서 오신 목적이 바로 여기에 있다(히 2:15). "그에게로 가자"는 말씀은 "그를 살리러 가자"는 말씀이지만 제자들의 머릿속에는 여전히 예수 그리스도를 돌로 치려는 유대인들이 자리하고 있었다. 그래서 도마가 『**우리도 주님**

과 함께 죽으러 가자.』라고 말한 것이다(16절). 이렇듯 믿음이 견고하지 못하면 주님의 말씀에 대해 오해하기가 십상이다. 비록 예수 그리스도께서 하나님의 아들이심에 대한 확고한 믿음은 형성되지 못했지만, "죽으면 죽으리라"는 도마의 담대한 모습은 오늘날 신약 성도들에게도 귀한 도전이 된다. **『그때에 안티옥과 이코니움에서 거기로 온 어떤 유대인들이 무리를 설득하여 바울을 돌로 치니 그가 죽은 줄로 생각하고 성읍 밖으로 끌어내더라. 그러나 제자들이 그를 에워싸고 섰는데 그가 일어나서 성읍 안으로 들어가더라』**(행 14:19,20).

나사로의 부활(17-44절)

1. 마르다의 고백(17-27절)

『그녀가 주께 말씀드리기를 "예, 주여, 나는 주께서 세상에 오실 그 그리스도, 곧 하나님의 아들이심을 믿나이다." 라고 하더라』(27절).

많은 유대인이 나사로의 죽음을 위로하려고 모였는데, 그곳은 예루살렘에서 그리 멀지 않는 곳이다(18,19절). 이 모든 상황을 아시는 주님께서 많은 이들로 나사로를 살리시는 하나님의 능력을 목격하게 하고, 자신이 "메시아"이심과 "하나님의 아들"이심을 믿게 하려 하셨다. 마르다는 주님을 뵙자마자 **『주여, 만일 주님께서 여기 계셨더라면 나의 오라비가 죽지 아니하였겠나이다』**라는 안타까움과 아쉬움을 표현했다(21절). 그러면서도 **『지금이라도 주님께서 무엇이든지 하나님께 구하시면 하나님께서 주님께 주실 줄 아나이다.』**라는 강한 신뢰를 나타내 보였다(22절). 이러한 신뢰는 마리아에게도 마찬가지였다(32절).

"마르다"의 이 같은 말은 주님께서 하실 의향만 있으시다면 무엇이든지 하실 수 있으신 분이시며, 주님께서 하시는 모든 일은 하나님께서 하시는 일인 줄 믿는다는 믿음의 고백이다. 이것은 『**나와 나의 아버지는 하나니라.**』(요 10:30)는 예수 그리스도의 말씀을 정확히 깨달았다는 뜻이기도 하다.

주님께서 나사로를 살리기에 앞서 "마르다"와의 대화를 통해 자신이 하나님의 아들이심을 미리 시인하게 하신다(27절). 그런데 그녀는 『**너의 오라비가 다시 살아나리라.**』라는 말씀에 대해 주님께서 "지금 당장" 그녀의 오라비를 살려주실 수 있음을 간과한 채, 그 일을 "마지막 날"에 있게 될 전면적인 부활로 여겼다(24절). 주님은 『**나는 부활이요, 생명이니 나를 믿는 자는 죽어도 살 것이며 또 살아서 나를 믿는 자는 누구나 영원히 죽지 아니하리라.**』라는 말씀을 통해 그리스도 안에서 잠든 자들이 새 몸을 입고 일어날 부활에 대해 말씀하셨으나(25,26절, cf. 고전 15:53-56, 살전 4:16,17), 그녀는 백보좌 심판에 앞서 일어날 전면적인 부활로 오해한 것이다. 이때는 구원받지 못하고 죽은 모든 자들도 일어나는데, 이들은 자기들의 행위에 따라 심판을 받아 불못에 던져지는 "둘째 사망"을 맞는다(계 20:14). 이제 주님은 『**네가 이것을 믿느냐?**』고 물으셨고, 그녀는 베드로처럼 『**예, 주여, 나는 주께서 세상에 오실 그 그리스도, 곧 하나님의 아들이심을 믿나이다.**』라는 위대한 믿음의 고백을 하게 된다(cf. 마 16:16).

2. 진정한 위로(28-35절)

『"그를 어디다 두었느냐?"고 하시자 그들이 "주여, 와서 보소서."라고 말씀드리니 예수께서 우시더라』(34,35절).

슬퍼하던 마리아는 "선생님이 오셔서 너를 부르신다"는 마르다의 말에 급히 일어나, 마르다가 주님을 맞이하던 그곳으로 달려갔다(29,30절). 주님의 부르

심에 이렇게 급히 달려가는 그녀의 모습에서 우리는 앞선 2절에서와 같이 주님을 향한 그녀의 사랑이 어떠한지를 가히 짐작해볼 수가 있다. 마리아가 급히 달려 나가는 모습을 보고, 마리아를 위로하며 그녀와 함께 있던 유대인들도 따라간다(31절). 그리고 늘 그러했듯이 그녀는 예수님의 발 앞에 엎드려(cf. 2절), 마르다와 마찬가지로 "주께서 이곳에 계셨더라면 오라비가 죽지 않았을 것"이라는 말과 함께 울었다. 그러자 그녀와 함께 온 유대인들도 울었으며, 이것을 보시고 신음하며 괴로워하시던 예수께서도 눈물을 흘리셨다(33-35절).

"사랑하는 자의 죽음"을 바라본 사람들에게 줄 수 있는 참된 위로는 무엇인가? 그것은 단지 그들과 "함께" 괴로워하고 눈물을 흘리는 것이 아니라, 이전처럼 "함께" 살게 해 주는 것이다. 이것은 오직 생명의 창조주이신 하나님만이 하실 수 있는 일이며, 인간에게 주실 수 있는 최대의 위로이다. **『주께서 호령과 천사장의 음성과 하나님의 나팔 소리와 함께 하늘로부터 친히 내려오시리니 그러면 그리스도 안에서 죽은 자들이 먼저 일어나고 그리고 나서 살아남아 있는 우리도 공중에서 주와 만나기 위하여 그들과 함께 구름 속으로 끌려 올라가리니, 그리하여 우리가 영원히 주와 함께 있으리라. 그러므로 이러한 말로 서로 위로하라』**(살전 4:16-18).

예수님께서 흘리신 눈물

사랑하는 사람의 죽음을 보고서 눈물을 흘리는 것은 인지상정(人之常情)이다. 하지만 예수님께서 우신 것은 단지 이 때문이 아니라, 죄의 결과로 사람의 "혼"에 드리워진 죽음의 그림자 때문이다. 사랑하는 나사로는 지금 사망이 쏘는 화살을 맞았고, 음부의 승리 속에 갇혀 버렸다(고전 15:55). 비록 인자로 오신 주님은 **『슬픔의 사람이요 질고에 익숙한 사람』**(사 53:3)이셨지만, 이러한 속박을 풀어 주시려고 "세상의 빛"으로 오신 하

나님의 아들이셨다(히 2:15). 그러므로 죽은 자를 살리시는 것은 아버지 하나님의 뜻일 뿐만 아니라, 인간에게 주실 수 있는 참된 위로이기에 예수께서 흘리신 눈물은 기쁨의 눈물이다. **『그는 자기 앞에 놓인 즐거움을 위하여 십자가를 견디시고 수치를 개의치 아니하시더니 하나님의 보좌 오른편에 앉으셨느니라』**(히 12:2).

3. "하나님의 영광"을 가로막는 불신(36-40절)

『만일 네가 믿으면 하나님의 영광을 볼 것이라고 내가 너에게 말하지 아니하였느냐?』(40절).

마리아를 위로하러 온 유대인들은 예수께서 우시는 모습을 보고서, 예수께서 나사로를 얼마나 사랑했는지를 가늠했다(36절). 그런데 그 가운데 몇 사람은 마리아처럼 "소경의 눈을 뜨게 하신 분이 여기 계셨더라면 그를 죽지 않게 하지 않았겠냐?"며 안타까움을 토로하고 있다(37절). 이에 주님은 이전처럼 속으로 신음하시며 **『돌을 치우라.』**라고 그들에게 명령하신다(39절). 여기서 우리가 주목할 것은 주님께서 모든 일들을 직접 수행하실 수 있지만, 늘 사람을 도구로 사용하신다는 사실이다(마 10:5; 28:20, 요 2:7; 6:11). 오늘날 죄인들에게 전파하는 복음에도 마찬가지이다. 본문 27절에서 마르다는 주님이 어떤 분이신지에 대한 확고한 믿음을 나타내 보였지만, 베드로처럼 예수님의 명령에 대해 **『주여, 죽은 지 이미 나흘이 되었기에 지금은 악취가 나나이다.』**라며 또 다시 불신으로 하나님의 영광을 가로막고 있다(39절). 그래서 주님은 **『만일 네가 믿으면 하나님의 영광을 볼 것이라고 내가 너에게 말하지 아니하였느냐?』**라며 그녀의 믿음 없음을 책망하셨다(40절, cf. 4절). 이처럼 하나님의 영광을 보지 못하는 것은 자신의 무지나 연약함 때문이 아니라, 주님에 대한 불신 때문이라는 점을 간과해서는 안 된다.

4. 나사로를 살리심(41-44절)

『"나사로야, 나오너라."고 하시니 죽었던 자가 손발이 수의로 동여지고 얼굴이 수건으로 가려진 채 나오더라. 예수께서 그들에게 말씀하시기를 "그를 풀어 주어 다니게 하라."고 하시니라』(43,44절).

본문 42절은 예수 그리스도께서 어떤 일이든지 아버지 하나님께 항상 기도로 먼저 아뢰었다는 사실을 명확히 보여 주고 있는 모습이다. 이것은 예수 그리스도께서 아버지를 전적으로 신뢰하고 있음을 친히 보여 주신 것이다(cf. 40절, 잠 3:5,6). 다시 말해 예수 그리스도께서는 늘 아버지 하나님께서 자신과 함께 계심을 믿었고, 또한 아버지의 뜻에서 벗어나거나 말씀에서 어긋난 일을 행하신 적이 없음을 나타낸 것이다. 『**나를 보내신 분이 나와 함께 계시느니라. 아버지께서는 나를 홀로 남겨 두지 아니하셨으니 이는 내가 언제나 그분을 기쁘게 하는 일들을 행하기 때문이라**』(요 8:29). 그러므로 거듭난 성도들은 『**만일 주님께서 여기 계셨더라면 나의 오라비가 죽지 아니하였겠나이다.**』라는 마리아와 마르다의 슬픈 절규를, "만일 당신이 여기 있었더라면, 거듭나지 못한 한 사람이 영원한 멸망으로 들어가지는 않았을 것이라"는 복음의 명령으로 받아들여야 할 것이다.

본문 42절에서 주님은 그 기도의 목적을 밝히시는데, 곧 "자신이 하나님께서 보내신 분"임을 유대인들로 믿도록 하려는 것이다. 죽은 나사로의 썩은 냄새를 직접 "코"로 맡았고, "손"으로 돌을 치웠으며, "눈"으로 살펴보았던 그들 앞에서 나사로가 살아나오게 함으로써 자신이 하나님께서 보내신 분임을 무오한 증거로 보여 주신 것이다. 『**태초부터 계셨고, 우리가 들었으며, 우리 눈으로 보았고, 주목하여 살폈으며, 우리 손으로 직접 만졌던 생명의 말씀에 관해서라.**』(요일 1:1). 이제 주님은 큰 음성으로 "나사로야, 나오너라"고 외치셨고, 그는 수의로 꽁꽁 묶인 채 무덤에서 걸어 나왔다(43절). 그리고 사망의 권세에서 우리를 풀어 주신 그 능력으로 "그를 풀어 주어 다니게 하라"고 명하신다(44절). 나사로를 살리신 주님의 음성은 거듭난 성도들이 듣게 될 커다란 음성이다. 그것은 그리스도 안에서 죽은 자들이 듣게 될 "하나님의 아들의 음성"이며, 그것을 듣는 자들은 누구든지 살 것이다(요 5:25). 주님께서 부르실 그날에는 분명 『**피조물 자체도 그 썩어짐의 속박으로부터 해방되어 하나님의 자녀의 영광스러운 자유에 이를 것**』(롬 8:21)이다.

예수 그리스도의 "구원 사역"을 묘사하는 아름다운 장면은 복음서에서 세 차례 등장하는데, ❶ "열두 살 먹은 소녀"(막 5장)와 ❷ "나인성 과부의 아들"(눅 7장), 그리고 ❸ "나사로"(요 11장)를 살리신 사건이다. 그런데 이들은 "나이"와 "죽은 시간" 그리고 "살아난 뒤의 모습"에서 차이가 있다. 열두 살 먹은 소녀의 죽음과 부활의 과정을 보면, 그녀는 가장 어린 나이에 죽은 지 얼마 되지 않아 "즉시 일어나" 걸었다. 나인성 과부의 아들은 젊은이로서 그의 시신이 운구되는 동안 부활했고, 소녀와 달리 "앉아서" 말하기 시작했다. 나사로는 이들 가운데 최연장자로서, 죽은 지 나흘이나 되었으며 부활해서도 "그를 풀어 주어" 다닐 수 있었다.

➠ 죽은 지 오래되었다는 것은 그만큼 세상에서의 찌든 삶을 오래 살았다는 것이다. 그래서 거듭났을지라도 과거의 더러움을 벗어 버리는 데 많은 시간을 허비하게 된다. 그러므로 어린 나이에 구원받고 말씀으로 성장하는 것은 매우 중요하며 또한 복된 일이다.

바리새인들의 음모(45-57절)

1. 바리새인들의 본심(45-48절)

『이 사람이 많은 기적을 행하니 우리가 어찌하랴? 만일 우리가 그를 이대로 두면 모든 사람이 그를 믿을 것이요, 그러면 로마인들이 와서 우리의 처소와 민족을 다 빼앗아 가리라』(47,48절).

예수 그리스도께서 나사로를 살리신 그 기적으로 인해 많은 유대인이 주님을 믿었다(45절). 하지만 그 가운데 몇 사람들은 엉뚱하게도 이 일을 주님을 대적하던 바리새인들에게 고자질한다(46절). 이에 대제사장들과 바리새인들은 대책을 세우고자 "공회"를 소집하는데(47절), 이들은 예수님께서 행하신 기적들을 믿지도 않았을 뿐더러(요 12:37), 유대인의 왕으로 오신 예수 그리스도께서 행하신 그 일로 인해 로마인들이 반란으로 여김으로써 오히려 자신들의 처소와 민족을 빼앗길까 두려워한 것이다. 하지만 그들이 최우선으로 걱정한 것은 그들의 "민족"(nation)이 아니라 자신들의 "지위"(place)를 빼앗기는 것이었다(cf. 눅 20:14). 예나 지금이나 이런 태도는 **『자기들의 배』**(롬 16:18, 빌 3:19)와 관련이 있다. 그런데 바리새인들이 염려하던 그 일이 실제로 그들에게 일어나고야 말았다(A.D. 70년 예루살렘 파괴).

2. 대제사장 "카이아파"의 예언(49-52절)

『이것은 그가 스스로 말한 것이 아니라 그 해의 대제사장으로서 예수께서 그 민족을 위하여 죽으실 것을 예언한 것이라』(51절).

선임 제사장들과 바리새인들이 모여서 열심히 공모를 꾀하려고 하는 그때, 대제사장 "카야파"가 『**너희가 아무것도 모르며... 너희가 생각지 못하는도다.**』라며 나선다(49,50절). 그는 "한 사람" 예수 그리스도의 죽음으로 인해 "이스라엘 민족이 로마로부터 죽임을 모면하게 될 것," 곧 『**온 민족이 멸망치 않는 것이 우리에게 유익한 줄**』을 알고 있었다(50절). 그 역시나 바리새인들처럼 "우리에게 유익한 것"이 무엇인지가 관심사였을 뿐, 예수 그리스도께서 "하나님의 아들"이심과 "그분의 가르침" 따위에는 관심이 없었다. 즉 그의 관심사는 "한 사람"이 죽는 것과 그가 반드시 죽어야 한다는 것에 있었다.

그런데 성경은 카야파가 한 말에 대해 『**그가 스스로 말한 것이 아니라, 그 해의 대제사장으로서 예수께서 그 민족을 위해 죽으실 것을 예언한 것**』이라고 기록하고 있고(51절), 또한 성경은 그것이 이스라엘 민족뿐 아니라 『**멀리 흩어진 하나님의 자녀들을 하나로 함께 모으려**』는 것에 그 목적이 있음을 밝히고 있다(52절). 여기서 "멀리 흩어진 하나님의 자녀들"은 거듭난 신약 성도들을 말하는 것이 아니라, 한 민족으로서의 유대인 곧, "흩어진" 유대인을 지칭하고 있음을 성경은 여러 곳에서 말씀하고 있다(시 147:2, 사 11:12, 겔 11:17, 행 8:4; 11:19).

그런데 "카야파"처럼 하나님을 대적하는 자들의 입에서 하나님의 말씀이 나오도록 하나님께서 허락하신다는 것이 말이 되는가? 만일 그것이 사실이라면 구원받지 못한 자들이 "예수 그리스도가 구주이심을 믿으면 구원받는다"고 설교할 수 있고, 또한 진리를 전파할 수도 있다는 말인가? 이것을 받아들이기는 쉽지 않겠지만 사실이다. 성경은 "불의의 삯을 사랑한"(벧후 2:15) 거짓 선지자 발라암을 통해 이를 뒷받침하고 있다(민 24장). 그러므로 그리스도인들은 이러한 것들을 분별할 수 있도록 "**성경이 무엇이라고 말씀하고 있는지**"(롬 4:3, 갈 4:30, cf. 눅 10:26)를 깨달을 수 있도록 성경을 부지런히 공부해야 할 것이다(딤후 2:15).

3. "생명의 통치자"를 죽이려는 음모(요 11:53-57)

『그 날부터 그들이 주를 죽이려고 함께 모의하더라… 그 때 선임 제사장들과 바리새인들이 명령을 내렸으니, 이는 만일 누구든지 주가 어디에 있는 것을 알면 이를 알려서 주를 붙잡게 하려 함이라』(53,57절).

예수께서 사랑하시는 나사로를 살린 것은 사탄에게는 전면전(全面戰)을 선포한 것이나 다름이 없다. 그래서 『**그 날부터**』 그들은 주님을 죽이려고 함께 모의한 것이다(53절). 그러나 주님은 그들의 의도를 간파하시고 "하나님의 때"가 이르기까지 그들을 피해 에프라임에서 제자들과 함께 계셨다(54절). 이제 예수님의 공생애 가운데 네 번째로 맞이하실 마지막 유월절이 다가오고 있다(55절).

주님은 지금까지 명절마다 성전에 오셨다. 그런데 지금은 다른 때와 달리 주님에 대한 체포령이 내려진 상태이다. 그래서 유월절에 앞서 예루살렘으로 올라온 유대인들이 『**예수를 찾으며**』 했던 말은 "너희는 어떻게 생각하느냐? 그가 명절에 오지 아니하겠느냐?"는 것이었다. 그들의 관심은 "기적을 행하셨던 그분께서 과연 이곳에 나타나시겠냐"는 것이었다(56절).

이와 마찬가지로 오늘날도 입으로만 믿는다고 고백하는 거듭나지 못한 자들이 예수 그리스도를 단지 기적을 행하신 분으로만 알고 주님을 찾고 있을 뿐, 만왕의 왕이요, 만주의 주이신 예수 그리스도께서 다시 오신다는 사실은 여전히 의심하고 있다. 그들이 주님을 찾는 이유는 단지 생명을 얻기 위해서가 아니라 늘 다른 곳에 그 목적이 있다. 『**진실로 진실로 내가 너희에게 말하노니, 너희가 나를 찾는 것은 기적들을 보았기 때문이 아니라 빵을 먹고 배부른 까닭이라**』(요 6:26).

NOTES

NOTES

<추 천 도 서>

요한복음

피터 S. 럭크만 지음 / 712쪽

30,000원(e-Book 14,900원)

본서는 말 그대로 예수 그리스도의 복음을 담고 있는 책으로 교회 시대의 성도들에게 영적 진리를 풍성하게 제공해 주고 있다.

열린 성경 닫힌 마음

이송오 목사 지음 / 216쪽

7,000원(eBook 4,900원)

이 책은 성경에 대해 닫혀 있는 눈과 마음을 뜨게 해 주어, 진리와 오류를 분별할 수 있도록 해 준다.

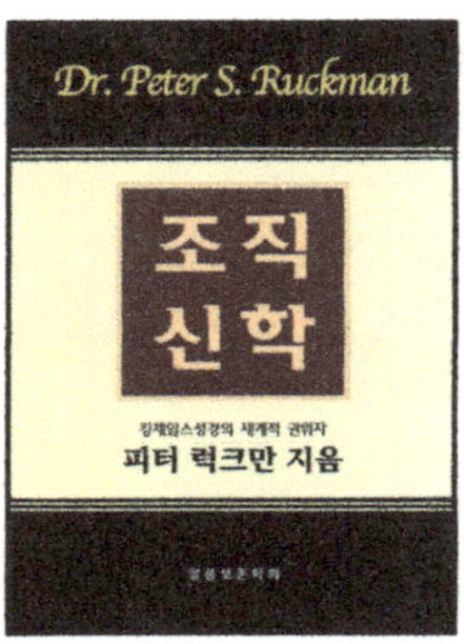

조직신학

피터 S. 럭크만 지음 / 1,040쪽

50,000원

본서는 철저하게 〈킹제임스성경〉에 기반을 두고 하나님께서 정하신 성경적인 해석 방법에 따라 바른 신학을 집대성한 책으로 모든 성경 연구의 기준이 되는 교리서다.

구원은 쉽게 받을 수 있다

피터 S. 럭크만 지음 / 28쪽

1,000원(eBook 500원)

구원받는 것은 물을 마시는 것만큼 쉽고, 선물을 받는 것만큼 쉬우며, 문을 열고 누군가를 집 안으로 들이는 것만큼 쉽다. 이 책은 구원에 관한 교리를 올바로 알려 준다.

솔로몬 성경공부 시리즈

요한복음

제2권 "생명의 빵"이신 예수 그리스도(6-11장)

초판1쇄 2023년 8월 11일
초판2쇄 2023년 9월 1일
지 은 이 / 편 집 부
발 행 인 / 박 승 용
발 행 처 / 말씀보존학회
출판등록 / 1988. 12. 12. 제16-223호
주 소 / 서울 강서우체국 사서함 제90호
전 화 / (02) 2665 - 3743
팩 스 / (02) 2665 - 3302
인 터 넷 / www.biblemaster.co.kr

값 10,000 원